本当の学力を付ける！

小学校国語科授業&言語活動プラン30

樺山敏郎 編著

明治図書

はじめに

　昨今，学ぶことと社会のつながりを意識することの重要性が増す中，「何を教えるか」という知識の質や量の改善に加え，学びの主体である児童生徒が，「どのように学ぶか」という学びの質や深まりを重視する必要性が叫ばれている。そして，学びの成果として，「どのような力が付いたか」という視点が今後の教育を語る上で不可欠なものとなっている。

　学力とは，習得するに留まらず，それらが様々な文脈の中で統合され，活用されたときに初めて，その必要性を実感したり，有用性に気付いたりするものである。学力というものは，各教科等の学習のみならず，実生活やこれからの社会の中で生きて働くものとなるような実効性や汎用性の高いものにしていくことが肝要である。

　書名の中の「本当」という言葉の辞書的な意味は，「事実」。「本当」の反対語は，「嘘」になる。そう考えると，「本当の学力」とは，「嘘でない事実としての学力」。言い換えると，「現前として確かにそこにある学力」と捉えたほうがいいかもしれない。忘却曲線を描きながら剥落しがちな学力を，一定の目的や意図，状況などに応じて活用させながら，その都度，その定着状況を確認し，メタ認知していくことが大切になる。

　これからの学力向上に欠かせない論点として，現に成果としてどのような力が付いているか，どの程度活用できる状況にあるかを見取っていくことを重視するべきではないだろうか。そのためには，学力を事実として，確かにそこにあるものとして，客観として，可視化できるものとして捉えていくことが必要となる。その意味において，とりわけ平成19年度より実施されている全国学力・学習状況調査等の結果は有益なデータである。これまでのエビディンスを集積し，今後の授業改善に活かしていくことが重要である。

　本書では，全国学力・学習状況調査の報告書に基づく小学校国語科の課題について，「話すこと・聞くこと」「書くこと」「読むこと（説明的な文章）（文学的な文章）」「伝統的な言語文化と国語の特質に関する事項」の三領域一事項に分け，それらを各学年に配列された指導事項や言語活動例との関連を図って整理した。これらの課題は，子供たちの国語科の学力のつまずきとして，一方，教師の側からは，国語科の指導の弱点として，確かにそこにあるものである。

　本当の学力を付けることを主眼として，整理した課題を今後の国語科の重点テーマとして掲げ，教科書教材とリンクさせながら，その課題の解決を図る授業プランを計30作成した。本書が先生方の日々の国語科授業改善に少しでもお役に立てば，執筆者一同これに勝る喜びはない。

　最後に，明治図書出版編集部の木山様はじめ，本書のために尽力くださった方々に心より感謝申し上げる。

　2015年5月

樺山敏郎

目　次

はじめに

Chapter1 こうすれば絶対成功する！国語科授業改善のポイント

1　21世紀型能力を育てる新しい国語科授業づくり　006
2　小学校国語科の課題と授業プランの活用について　014

Chapter2 本当の学力を付ける「話すこと・聞くこと」の授業＆言語活動プラン

❶　第1学年　順序を考えて紹介しよう　016
　　「学校の　ことを　つたえあおう」（教育出版）
❷　第2学年　すてきな道具を分かりやすく説明しよう　020
　　「あったらいいな，こんなもの」（光村図書）
❸　第3学年　めざせ！しつもんマスター　024
　　「よい聞き手になろう」（光村図書）
❹　第4学年　ポスターにまとめて報告しよう　028
　　「報告します，みんなの生活」（東京書籍）
❺　第5学年　相手の意図を捉えながら助言しよう　032
　　「意見と理由を聞き取ろう」（東京書籍）
❻　第6学年　立場や意図を明確にして討論しよう　036
　　「学級討論会をしよう」（光村図書）

Chapter3 本当の学力を付ける「書くこと」の授業＆言語活動プラン

❼　第1学年　見付けたことを文章に書いて知らせよう　040
　　「しらせたいな，見せたいな」（光村図書）
❽　第2学年　心にのこったできごとをじゅんじょよく書こう　044
　　「じゅんじょよく書こう」（東京書籍）

⑨ 第3学年　自分の考えが明確になるような構成にしよう　048
「強く心にのこっていることを（つたえたいことを書く）」（教育出版）

⑩ 第4学年　調べて分かったことや考えたことを書こう　052
「読書生活について考えよう」（光村図書）

⑪ 第5学年　活動を報告するリーフレットを編集しよう　056
「伝えよう，委員会活動」（東京書籍）

⑫ 第6学年　理由や根拠を明確にして意見文を書こう　060
「意見を聞き合って考えを深め，意見文を書こう」（光村図書）

Chapter4　本当の学力を付ける「読むこと」の授業＆言語活動プラン

□説明的な文章

⑬ 第1学年　わくわく動物園の赤ちゃんを紹介しよう　064
「どうぶつの　赤ちゃん」（光村図書）

⑭ 第2学年　たんぽぽ図鑑をつくろう　068
「たんぽぽの　ちえ」（光村図書）

⑮ 第3学年　「ほけんだより」を読みくらべよう　072
「『ほけんだより』を読みくらべよう」（東京書籍）

⑯ 第4学年　写真を使って説明しよう　076
「アップとルーズで伝える」（光村図書）

⑰ 第5学年　新聞を効果的に読もう　080
「新聞を読もう」（教育出版）

⑱ 第6学年　科学読み物を効果的に読もう　084
「イースター島にはなぜ森林がないのか」（東京書籍）

□文学的な文章

⑲ 第1学年　昔話を読んでお話をつくろう　088
「おはなしをつくろう」（東京書籍）

| ⑳ | 第2学年 | シリーズの中の登場人物を紹介しよう | 092 |

　　　　　　「わたしはおねえさん」（光村図書）

| ㉑ | 第3学年 | ブックトークでおにの登場する本を紹介しよう | 096 |

　　　　　　「おにたのぼうし」（教育出版）

| ㉒ | 第4学年 | 主人公の人柄について紹介し合おう | 100 |

　　　　　　「白いぼうし」（光村図書）

| ㉓ | 第5学年 | 詩を比べて読もう | 104 |

　　　　　　「紙風船」「水のこころ」（東京書籍）

| ㉔ | 第6学年 | 心に残るファンタジー作品の推薦文を書こう | 108 |

　　　　　　「きつねの窓」（教育出版）

Chapter5　本当の学力を付ける「伝統的な言語文化と国語の特質に関する事項」の授業＆言語活動プラン

| ㉕ | 第1学年 | ぶんのおわりに　まる（。）をつけよう | 112 |

| ㉖ | 第2学年 | 漢字のいろいろな読み方を調べよう | 116 |

| ㉗ | 第3学年 | こそあど博士になろう | 120 |

| ㉘ | 第4学年 | 慣用句について調べてクイズをしよう | 124 |

| ㉙ | 第5学年 | いろいろな意味をもつ言葉を考えよう | 128 |

| ㉚ | 第6学年 | 表現の工夫を取り入れて詩をつくろう | 132 |

Chapter 1

こうすれば絶対成功する！国語科授業改善のポイント

　国語科のみならず授業を改善していくためには，多面的なアプローチが必要である。一般的に捉えると，単元全体を構想する際の学習指導計画案のプロット一つ一つがアプローチする際の視点となり，それらを有機的に関連付けることが重要となる。とりわけ，学習指導要領の目標及び指導事項を踏まえた年間カリキュラムに基づき，身に付けようとする能力やその系統を押さえるとともに，眼前の子供たちの実態に即した教材や題材，資料を選択し，有効な指導方法や形態などを検討していくことが大切である。

　ここでは，学力向上に係る時代の要請を踏まえることの重要性に鑑み，今後の授業改善のキーワードとなる「21世紀型能力」について捉えていくことから論を進めていく。そして，平成19年度より実施されている全国学力・学習状況調査の報告書に基づく小学校国語科の課題を整理し，それらの解決を図るためのChapter2以降の授業プランの活用法について補説する。

1　21世紀型能力を育てる新しい国語科授業づくり

(1) 求められる資質・能力の枠組み

　文部科学省では，初等中等局長決定に基づき，平成24年12月より平成26年３月にわたり，育成すべき資質・能力を踏まえた教育目標・内容と評価の在り方に関する検討会を行い，平成26年３月に論点を整理した[※1]。検討に当たっては，次のような視点が強調された。

> ○各学校の教育課程の基準となる学習指導要領において，児童生徒に育成すべき資質・能力と，それを育成するための手立てである教育目標・内容と評価の在り方等の関係などを明確に示すことが重要と考えられるが，実際にはそれが十分に実現できていない。
> ○育成すべき資質・能力を中心とした教育課程の考え方については，これまでの中央教育審議会の議論においても意識されているところであり，現行の学習指導要領にもその成果の一端が盛り込まれているものの，従来の学習指導要領は，全体として各教科等においてそれぞれ教えるべき内容に関する記述を中心としたものとなっている。
> ○各学校等で縦割りになりがちな状況の改善を妨げるとともに，今なお多くの学校において，学力についての認識が「何かを知っていること」にとどまりがちであり，知っていることを活用して「何かをできるようになること」にまで発展していないことが背景にもあるのではないかと懸念される。

こうした視点に基づく検討と並行して、国立教育政策研究所において、「教育課程の編成に関する基礎的研究」を進め、平成26年3月に報告書(※2)がまとまり、求められる資質・能力の枠組み試案を提言した。それが、21世紀型能力である。

(2) 21世紀型能力とは

21世紀能力は、次のように定義付けられている。

> 「生きる力」としての知・徳・体を構成する資質・能力から、教科・領域横断的に学習することが求められている能力を資質・能力として抽出し、これまで日本の学校教育が培ってきた資質・能力を踏まえつつ、それらを「基礎」「思考」「実践」の観点で再構成した日本型資質・能力の枠組みである。

21世紀型能力は、「思考力」を中核とし、それを支える「基礎力」と、「思考力」の使い方を方向付ける「実践力」の三層構造とし、「実践力」が生きる力へと繋がることを狙っている。

> ○基礎力は、言語・数量・情報を道具として目的に応じて使いこなす力
> ○思考力は、一人一人が自ら学び判断し自分の考えを持って、他者と話し合い、考えを比較吟味して統合し、よりよい解や新しい知識を創り出し、さらに次の問いを見つける力
> ○実践力は、日常生活や社会、環境の中に問題を見つけ出し、自分の知識を総動員して、自分やコミュニティ、社会にとって価値のある解を導くことができる力、さらに解を社会に発信し協調的に吟味することを通して他者や社会の重要性を感得できる力

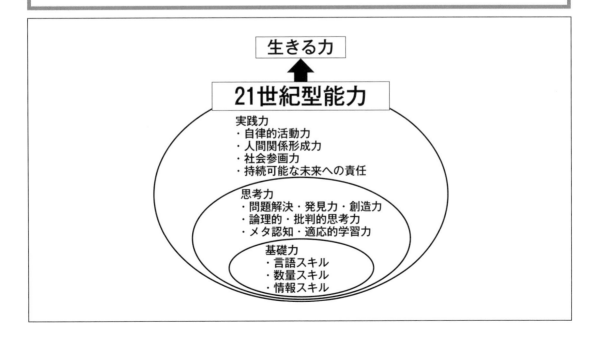

(3) 21世紀型能力の育成を目指す国語科の単元構成

　国語科の単元構想においては，知識や技能を習得し，それらを活用しながら課題を探究していくという，習得と活用の統合的な展開が求められている。実生活に生きて働く国語の能力の育成を図るには，個々の知識や技能を一つ一つ積み上げていくような発想ばかりではなく，言語活動をとおした主体的な活用型の構成を単元全体として仕組むことで，知識や技能の獲得が複合して発揮されるように手だてを講じることが重要である。21世紀型能力との関連を考えると，「基礎力」や「実践力」とを結び付ける「思考力」の育成がますます必要となる。ここでは，「思考力」に焦点化した国語科の単元構成の留意点について，「①意味ある問いで学びの文脈を創る」「②多様な考えを引き出し交流する」「③学びを自覚する機会を重視する」の三項目に即してまとめる。

①意味ある問いで学びの文脈を創る

　「意味ある問い」に必要な要素として，次のようなものが考えられる。

- 教材や題材に対する児童生徒の能動的なかかわりがあること
- 個別の問いと集団の問いが調和していること
- 習得している知識や技能が想起され自覚化されること
- 習得している知識や技能を活用しようとすること
- 問いの連続性を大切にすること

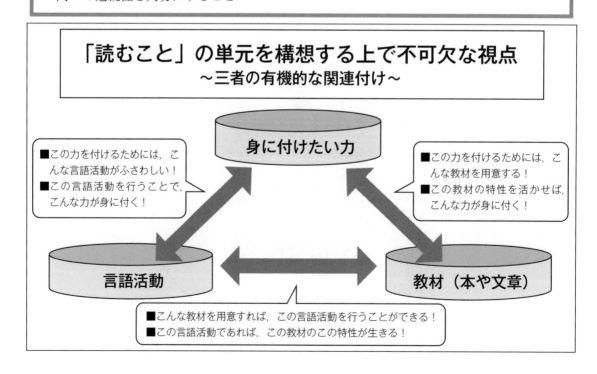

Chapter1　こうすれば絶対成功する！国語科授業改善のポイント

　学びの文脈を創るためには，意図的・計画的に能力を育成しようとする教師と学習の主体である児童生徒とのやりとりが重要である。更に，「身に付けたい力」「言語活動」「教材（本や文章）」の三者が不可欠であり，それらの有機的な関連付けが今後一層大切である。これら三者の側面から，読むことの指導における学びの文脈をどのようにして創っていけばよいかを次に示す。

■身に付けたい力
　学習指導要領小学校国語における「読むこと」の指導事項は，次の6系統である。

○音読に関する指導事項
○効果的な読み方に関する指導事項
○説明的な文章の解釈に関する指導事項
○文学的な文章の解釈に関する指導事項
○自分の考えの形成及び交流に関する指導事項
○目的に応じた読書に関する指導事項

　「読むこと」の指導事項の一つに「自分の考えの形成及び交流に関する指導事項」が新設されたことに注目する。その中の第5・6学年の指導事項には，「本や文章を読んで考えたことを発表し合い，自分の考えを広げたり深めたりする」とある。「読むこと」による認識の深化や自己発見の表出を求めるものである。学習指導要領小学校国語の「読むこと」では，学習者（読者）を自立と創造へと誘おうとする意図があるものと認識している。これからの「読むこと」の学習指導は，説明的な文章，文学的な文章のいずれにおいても，学習者（読者）が自らのテクストを新たに生み出すところまでを視野に入れることが重要である。テクストとは，原本とは異なる別の表現物のことで，その表現物を生み出す過程が読む行為であると捉えられる。
　このような考え方を，読むことの授業改革の要に据えることが重要となる。具体的には，説明的な文章の指導においては，文章全体の構造を捉え，要旨を読解しようとするだけでなく，それに対する自分の考えを確かに形成するところまでを保障する学習が必要になる。文学的な文章の指導においては，感想文を取り上げる場合，これまで以上に一人一人の体験や読書経験などを大切にしながら，独創的な内容を生み出すにはどうすればよいかという視点が必要である。更には，メディアリテラシーへの視野も広がっている現在，様々なメディアの特性を活かして一人一人が自分の世界を表現するような，新たな視点も必要になってきている。

■言語活動

　学習指導要領小学校国語の改訂における言語活動の取扱いとしては，三領域に配当された指導事項を例示の言語活動などをとおして指導することを求めている。従来，単元の終末部において設定されてきた「読書発表会」などの言語活動の遂行に必要とされるべき能力への自覚はどの程度であっただろうか。活動の華々しさや子供たちの意欲や態度に注目しがちではなかっただろうか。単元の終末部における言語活動は，単に発表や表現の場の保障だけでなく，意図的な指導と評価の一体化を図る場でなければならない。

　今後は，単元を貫く言語活動を意識することが重要になる。「単元を貫く」とは，単元の導入部から展開部，そして終末部にわたって行われる言語活動が数珠つなぎのように繋がっていくことである。終末部の言語活動については，一定の目標を実現した姿が求められる。一連のプロセスの中で，特に展開部で行われる教材を読む行為は，単に与えられた教材を精読すればよしとするのでなく，単元を貫く言語活動を遂行するプロセスの一部であると捉え直し，意図的な解釈の指導を行う必要がある。そのためには，指導過程の各段階で，どのような具体的な言語活動を設定し，そこでどのような言語能力が必要になるのかなどについて意識することが必要になる。それは，言語活動を遂行するための言語能力の基礎・基本を明確化することであり，幅のある読む能力を具体化することである。このような作業が国語科における評価規準の作成に繋がる。評価規準の作成は，その単元の指導過程において，子供たちにどのような言語能力の基礎・基本を，どのように身に付けさせるかを自覚することである。

　そこで重要なことは，単元を貫く言語活動及び単元の指導過程の各段階で設定する言語活動に対して行う教材研究である。例えば，単元を貫く言語活動としてブックトークを設定する場合，それを全員が効果的に行うためにどのような言語能力が必要とされ，どのような教材やワークシートなどの準備が必要になるかを検討することである。言語活動を教師自身が実際に行ってみることが何よりの教材研究となる。それが子供たちに示す言語活動の見本ともなる。

　なお，「読むこと」の言語活動として多く行われる「読書発表会」という言語活動の具体的な内容及び種類には次のようなものを含むことがある。

○劇（人形劇）　○紙芝居　○アニマシオン　○読書クイズ　○帯　○ポップ　○チラシ
○CM（宣伝）　○読書郵便　○読書報告会　○読書感想文・紹介文
○読書会・読書討論会　○対談（座談会）　○ブックトーク　○一行感想集
○ポスターセッション　○読書新聞　○評論・書評　○プレゼンテーション　　　　など

　言語活動の選択については，教師中心の関心に任せることなく，学校全体や各学年の国語科年間指導計画による見通し，単元をとおして身に付けようとする読む能力，教材の特性，単元の配当時間数，子供たちのこれまでの学習経験，発達の段階などとの関連を十分検討すること

が重要である。

具体例を挙げる。低学年の言語活動として「物語を演じる」を取り上げる場合，教材の解釈から音声や身体による表現へのプロセスをたどることになる。解釈としては，時間や場所，問題状況などの設定，情景や場面の変化，主人公などの登場人物の性格や行動，会話及び心情の変化，事件の展開や解決などについて，基本的な構造を押さえながら理解できるようにすることが必要である。それらの理解の上に立って「演じる」という言語活動を行う場合，内容をセリフやト書きなどを含んだ台本にすることが考えられる。すると，人物像や人物の心情を押さえ，どのようにセリフを声に出すかが鍵になる。単元を貫く言語活動を意識すると，目的に応じた教材の解釈の具体的な指導内容や方法が明確になるものと考える。

なお，学習指導要領小学校国語では，実生活で必要とされる記録，説明，報告，紹介，感想，討論などの言語活動を例示している。「読むこと」の言語活動例は，①「読んだことを話したり書いたりする表現行為へ繋ぐ」観点，②「読書対象となるジャンルなどの範囲や読む行為の多様化を図る」観点の二つの側面を重視している。「読むこと」は理解に閉じず，表現までを射程に置いているのである。

今後は，これら二つの側面を含んだ言語活動などをとおして指導事項を指導することが眼目となる。活動主義に陥らないよう，言語活動の遂行の過程で身に付けさせたい読む能力を確実に指導する必要がある。そして，各教科等や実生活でも活用できる汎用性のある能力として昇華させたい。

■教材（本や文章）

学習指導要領小学校国語では，読むことの教材として，下記が挙げられている。

| ○本　　○文章　　○新聞　　○雑誌　　○（地域）情報紙　　○インターネット |
| ○事典　　○同じ主人公や作家，詩人のシリーズ　　○ファンタジーのシリーズ |
| ○物語集　　○詩集　　○短歌　　○俳句　　○随筆 |

中核となる教科書教材に加えて，日常生活や社会生活の中で活用する本や情報メディアの教材化を図ることの必要性が理解できよう。

ここでは，文学的文章をどのようなスキーム（枠組み）に基づき，どのようなプロセスで読んでいくのかという普遍的な問いに答えるために，次に基本発問の形式で35に整理した。

文学的な文章〈基本となる読みのスキーム〉 基本発問35

プロセス	スキーム（枠組み）			
	Ⅰ 人物	Ⅱ 表現	Ⅲ 構造	Ⅳ 視点
■内容理解 （こんなことが書かれている）	①登場人物，中心人物（主人公）は誰か。 ②登場人物にどんな事件が起き，それに対してどのように行動したか。	①誰の言葉か。（会話文，地の文） ②人物の様子や気持ちが分かる言葉はどれか。	①いつの話か。（時，時代，時代背景） ②どこで起こった話か。（場所） ③場面は，時や場所の何で区切っているか。 ④全体のあらすじはどうなるか。	①地の文を語っているのは誰か。
■表現分析・構造分析 （このように工夫して描かれている）	③登場人物をどのように設定しているか。 ④登場人物はそれぞれがどのような関係にあるか。	③どんな表現の特徴があるか。（対比，類比，比喩，反復，擬人法，オノマトペ，色彩語，韻律，リズム） ④文末表現の効果はあるか。（常体・敬体，断定・推量，余韻）	⑤全体の構成はどうなるか。（「起・承・転・結」「冒頭（設定）・事件の発端・展開・山場・結末」） ⑥登場人物の心情が大きく変わるのはどの場面か。 ⑦伏線はあるか。	②一人称視点か，三人称視点か。 ③語り手は，誰の目や心から語っているか。（思いや考え） ④視点が変わっている場面はあるか。
■内容理解と表現・構造分析を通した解釈 （内容と表現・構造を関係付けてこのように解釈した）	⑤登場人物はどのように変容したか。 ⑥登場人物はどんな性格・人柄であるか。（人物像）	⑤重要な意味をもつ言葉はどれか。（象徴） ⑥どの言葉が作品全体に大きく影響しているか。	⑧題名にはどんな意味があるのか。 ⑨冒頭や結末部分は，読み手にとってどんな効果があるか。	⑤視点の転換や特徴がもたらす効果はどんなところか。
■解釈を基にした享受 （自分は…について～考える，～評価する）	⑦登場人物の言動や性格について，あなたはどう思うか。（それはどうしてか） ⑧あなたが登場人物だったら，どうするか。（それはどうしてか）	⑦あなたが優れていると思う表現はどんなところか。 ⑧どの表現が心に残っているか。 ⑨今後に活かしたい表現にどんなものがあるか。	⑩どのような構造の工夫が読み手を引き込んでいくと思うか。 ⑪作品の構造を工夫することは，今後どんなときに活かせるか。	⑥どのような視点の工夫が読み手を引き込んでいくと思うか。 ⑦視点を工夫することは，今後どんなときに活かせるか。

【「人物」「表現」「構造」「視点」の相互の関連付けが重要】

■作品のよさや特徴，価値などについての自分の考えを形成する。
　→多様な言語活動をとおして，相手，目的，意図に応じて，感想文，鑑賞文，批評文，紹介文，推薦文などにまとめる。
■自分の考えについて他者と交流することで，人間や社会，自然などとのかかわり方，自分の生き方についての考えを広げたり深めたりする。
■読む目的を設定し，それに合わせた効果的な読みを展開する。
　→同じ主人公（シリーズ）やテーマを比べたり，同じ作者の文章を重ねたりして読む。〈作品の価値や作者へのアプローチ〉

②多様な考えを引き出し交流する

　国語科のみならず，各教科等の授業においても交流は比較的に活発である。しかし，交流の目的が不明確で，ペアやグループなどの学習形態に議論が終始している。重要なことは，交流によって児童生徒個々の思考がどのように揺さぶられ，何が深まり，何が広がったのかという実感である。教師が要求する交流は，拡散型の思考か，あるいは収束型の思考なのかを再検討する必要がある。交流場面では，相互の考えの共通点や相違点をシンキングツールなどによって可視化することも効果がある。交流は，多くの児童生徒に発言の機会が保障されるだけでなく，その交流の前と後とを比較して，個々に何がもたらされたかを把握できるようにする。また，表現物をとおした結果の交流のみならず，表現物に表出しようとした，思考のプロセスを重視したい。個々が相手の位置に立とうとすることで交流は活性化する。

③学びを自覚する機会を重視する

　全国学力・学習状況調査の結果が示すように，活用の力が十分ではない。一定の知識や技能を習得していても，目的や条件，題材，場面などが違うと，それらを効果的に発動することができていない。特にメタ認知能力を育成する必要がある。単元の終末段階において，個々の表現物を発表し合うだけでは不十分である。単元を貫く言語活動をとおして，どんな力が身に付いたかを児童生徒自身が自覚できるようにしたい。筆者がかかわった研究指定校や地域では，自覚化できた能力を，「ことばのお宝帳」などと称したものに年度をまたいで累積し可視化することで学力の底上げに成功した事例がある。

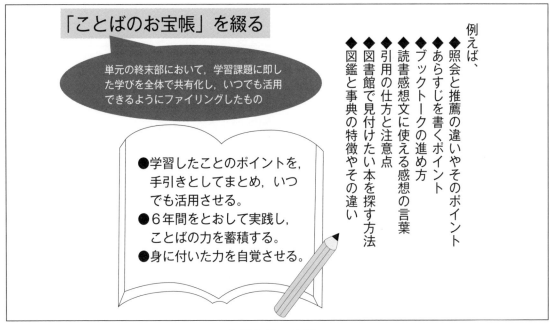

研究指定校の実践より

2　小学校国語科の課題と授業プランの活用について

　平成19年度より実施されている全国学力・学習状況調査の報告書に基づく小学校国語科の課題について，「話すこと・聞くこと」「書くこと」「読むこと（説明的な文章）（文学的な文章）」「伝統的な言語文化と国語の特質に関する事項」の三領域一事項に分け，それらを各学年に配列された指導事項や言語活動例との関連を図って整理すると次のようになる。

(1) 話すこと・聞くこと

〈第1学年〉	〈第2学年〉
■事柄の順序を考えながら話す	■聞き手に分かりやすく話す
〈第3学年〉	〈第4学年〉
■話の中心に気を付けて聞き，質問する	■図表や絵などを基に話したり聞いたりする
〈第5学年〉	〈第6学年〉
■話し手の意図を捉えながら助言する	■立場や意図を明確にして討論する

(2) 書くこと

〈第1学年〉	〈第2学年〉
■説明する文章を書く	■文章の間違いなどを正す
〈第3学年〉	〈第4学年〉
■資料から分かったことや考えたことを書く	■自分の考えが明確になる構成にする
〈第5学年〉	〈第6学年〉
■目的や意図に応じて編集する	■理由や根拠を明確にして自分の考えを書く

(3) 読むこと（説明的な文章）

〈第1学年〉	〈第2学年〉
■大事な言葉や文を落とさずに読む	■説明された内容の大体を読む
〈第3学年〉	〈第4学年〉
■目的に応じて中心となる語や文を捉える	■事実と意見との関係を捉えながら読む
〈第5学年〉	〈第6学年〉
■新聞や雑誌を効果的に読む	■科学読み物を効果的に読む

(4) 読むこと（文学的な文章）

〈第1学年〉	〈第2学年〉
■想像を広げながら読む	■登場人物を捉える
〈第3学年〉	〈第4学年〉
■場面の移り変わりを捉える	■登場人物の人物像を捉える
〈第5学年〉	〈第6学年〉
■詩を比べて読む	■本や文章を読んで推薦の文章を書く

Chapter1　こうすれば絶対成功する！国語科授業改善のポイント

(5) 伝統的な言語文化と国語の特質に関する事項

〈第1学年〉
■文や文章の中で漢字を正しく使う

〈第2学年〉
■主語と述語との関係に注意する

〈第3学年〉
■指示語や接続語を適切に使う

〈第4学年〉
■ことわざや慣用句，故事成語を適切に使う

〈第5学年〉
■似た意味や言葉の使い方に注意する

〈第6学年〉
■比喩や反復などの表現を工夫する

Chapter2以降は，これらの課題の解決を図るための授業プランを示す。それぞれの授業プランを次のように活用していくことが有効である。

Chapter2以降の「授業プラン」の活用法

その1：タイトル
教科書教材に基づく授業プランである。使用している教科書教材ではない場合がある。その際は，タイトルに着目し，使用している教科書教材の中から類似の教材や題材を選定する。

その2：全国学力・学習状況調査と本単元との関連
各授業プランで重点的な指導事項を明記している。該当の指導事項について，『小学校学習指導要領解説国語編』の記述内容を熟読し，求められているポイントを理解する。また，指導事項の学年系統についても理解を深める。

その3：「本単元の概要」「付けたい力」
「本単元の概要」では，言語活動を明記しているので，『小学校学習指導要領解説国語編』に記述されている言語活動例との関連を理解する。同様あるいは類似の言語活動例がある場合は，そこで求められているポイントを捉える。「付けたい力」についても同じような考え方に基づく。

その4：「単元計画」「本時の授業展開」
「単元計画」に基づき，各授業プランで要になる内容を「本時の授業展開」の中で詳述している。45分間の授業を三つのSTEPに分けてポイントを整理している。それぞれ板書例も示しているので参考になる。

その5：「ワークシート例」
ワークシートは，実物を縮小して掲載している。学年の発達に応じた文字の大きさになるように，拡大して活用することができる。使用していない教科書教材であっても，同じような形式で作りかえることができる。

〈参考文献〉
※1　育成すべき資質・能力を踏まえた教育目標・内容と評価の在り方に関する検討会　論点整理　平成26年3月31日
※2　教育課程の編成に関する基礎的研究　報告書7　平成26年3月

Chapter2 本当の学力を付ける「話すこと・聞くこと」の授業&言語活動プラン

① 第1学年
順序を考えて紹介しよう

■教材名:「学校の ことを つたえあおう」(教育出版1年下)　■時間数:全11時間

―― 全国学力・学習状況調査と本単元との関連 ――

　全国学力・学習状況調査において,目的や意図に応じて,話の構成を工夫しながら話すことに課題が見られる。話の構成を工夫して話すことができるようになるためには,低学年からの系統的な指導が欠かせない。そこで,本稿では,低学年〔A 話すこと・聞くこと〕「イ　相手に応じて,話す事柄を順序立て,丁寧な言葉と普通の言葉との違いに気を付けて話すこと」を重点的な指導事項として設定した授業構想を示す。

1　本単元の概要

　本単元では,2,3人のグループで学校の先生方などに質問をし,その答えを学級で紹介するという言語活動を設定する。聞いてきた答えをよりよく紹介するためには,「どこへ行ったのか」「誰に聞いたのか」「何を聞いたのか」「どんな答えだったのか」などの事柄を順序立てて話す必要がある。子供の「伝えたい!」という思いを大切にしながら,順序立てて話す力を身に付けていくことができる。

　本単元で取り上げた教材「学校のことをつたえあおう」は,子供たちにとって身近な学校の先生方や学級の友達が相手となっており,活動に取り組みやすい。聞いてきた答えは自分たちしか知らないため「紹介したい」という思いを膨らませ,順序を考えてよりよく紹介する学習に繋げていくことができる。比較的簡単な活動であるため,休み時間や朝の会などを活用し,継続的に取り組むことも考えられる。そのことにより,指導時数が少ない話す・聞く活動を,繰り返し体験させることができる。

2　付けたい力

○紹介したい事柄について,順序に着目して紹介の仕方を工夫することができる。

〔国語への興味・関心・態度〕

○紹介する事柄の順序を考えて話すことができる。

〔A話すこと・聞くこと　イ〕

○聞き手に紹介したい事柄が伝わるよう,はっきりした発音で話すことができる。

〔A話すこと・聞くこと　ウ〕

○相手や場に応じて言葉の使い方が変わることを意識して,話すことができる。

〔伝統的な言語文化と国語の特質に関する事項　イ(キ)〕

3 単元計画（全11時間）

第一次　学習のめあてや見通しをもつ

❶　今までの学習を振り返り，学校にはどんな人たちがいたか，伝え合う。
　　先生方や働いている人たちに質問をして，答えを学級で紹介し合うというめあてをもつ。

ポイント
○写真を用意し，「学校のどの場所にいた人かな？」とクイズ形式で進め相手に対する興味・関心を高めましょう。
○「好きな場所は？」「好きな給食は？」などと，問いかけて予想させ，聞いてみたいなという思いを膨らませましょう。

第二次　紹介するための材料を集め順序よく紹介する話し方を考える

❷〜❸　話を聞きたい相手や聞きたいことについて，グループで相談し決める。
❹〜❺　話を聞くときに気を付けることを押さえ，練習をする。
❻〜❼　実際に聞きに行き，聞いてきた答えを思い出してメモにまとめる。
❽　よりよく紹介するために，「場所」「相手」「質問」「答え」をどんな順序で話したらよいか考える。
❾〜❿　事柄の順序を考えて，メモを基に原稿を作成し，紹介の練習をする。

ポイント
○「先生が学校で好きな場所はどこだと思いますか？」など担任の先生自身についてのクイズを出し，学校の先生方について，知っているようで実は知らないということに気付かせましょう。「聞きたい！」という思いが一層膨らみます。
○よりよく紹介するために，事柄の順序を考える際には，グッドモデル，バッドモデルを示しましょう。順序立てて紹介するよさを発見することができ，意欲的に学習を進めることができます。

第三次　聞いてきたことについて順序よく紹介する

⓫　聞いてきたことについて紹介し合い，お互いの紹介の仕方のよさを見付ける。

ポイント
○紹介を聞く側は，答えに注意しながら聞くのと同時に，どんな順序で発表しているかを聞くことが大切です。発表内容を聞く力と発表方法を理解する力を統合的に育てましょう。

4　本時の授業展開（8／11時間）

STEP1

　紹介のグッドモデルを示し，「場所」「相手」「質問」「答え」がどの順序で発表されているかについて気を付けて聞く。また，「答え」が初めにくるバッドモデルも示し，なぜ「答え」が初めにくるとよくないのかを考える。

◆行動の順序に基づいて紹介することが大切であることをグッドモデルとバッドモデルの比較から気付かせるようにします。

STEP2

　グッドモデル以外の順序でも紹介できそうか考える。「場所」と「相手」は逆の順序になっても伝わることや，「質問」と「答え」は逆になったり離れたりしないようにすることなどに気付かせる。

「答え」を最後に話すよさを明確につかむことができるように，モデルと板書で示すようにする。

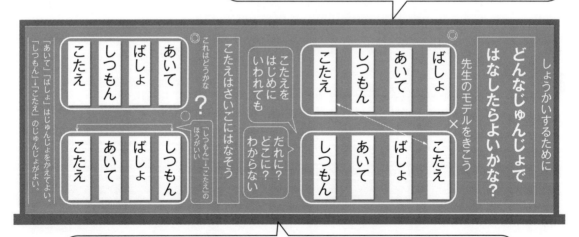

「質問」→「答え」の順序がよいことなどをつかめるようにし，まとめる。

STEP3

　自分たちのグループは，どんな順序で紹介するか決め，原稿作成の準備をする。

◆板書を参考にしながら，どの順序にするか決められるように，構造的に板書をまとめるようにしましょう。

◆次時に向けて，スピーチ原稿のモデルも作成しておくとよいです。

5 ワークシート例

しょうかいの じゅんびを しよう

じゅんじょ	ことがら				
	ききに いく ばしょ	ききに いく あいて	きく しつもん ？	きいた こたえ ！	
ないよう	（れい 「ほけんしつ」）	（れい 「〇〇先生」）	（れい 「すきな きゅうしょく」）	（れい 「カレーライス」）	

> 本時は、この欄に自分の考えた順序を数字で書きこむようにします。

> このワークシートは単元をとおして使用できます。この「場所・相手・質問」の三つの欄は事前に書いておくことができるので，実際に聞きに行く見通しをもてます。

② 第2学年
すてきな道具を分かりやすく説明しよう

■教材名:「あったらいいな,こんなもの」(光村図書2年下)　■時間数:全14時間

---**全国学力・学習状況調査と本単元との関連**---

全国学力・学習状況調査において,音声と内容両面を工夫して話すことについて課題が見られる。本稿では,低学年〔A 話すこと・聞くこと〕「イ　相手に応じて,話す事柄を順序立て,丁寧な言葉と普通の言葉との違いに気を付けて話すこと」を重点的な指導事項として設定した授業構想を示す。特に,根拠をもって順序を考える力を付けることを意図した。

1 本単元の概要

本単元では,自分が想像した事物について説明したり,それを聞いて感想や質問を述べたりする言語活動を設定する。想像した事物の「名前」「はたらき」「色・形や大きさ」「考えた理由」に絞って説明することとする。「これはぜひ知ってほしいことだから最初に話そう」「これはみんなに印象付けたいから最後に話そう」など,伝えたい思いや目的によって話す順序を整理していくことで分かりやすい説明にしていくことができる。

本単元で取り上げた教材「あったらいいな,こんなもの」は,子供たちに親しみのあるアニメの題材が取り入れられており,「考えてみたい!」「自分だったら…!」という思いを引き出しやすい。また,現実にはない事物を説明するために,「こんなことができる,こんなことに使える」=「はたらき」を詳しく述べたり,事物を絵や図で表したりする必要が出てくる。そのため,話す事柄を考え順序立てて話す力や絵や図を示しながら工夫して話す力を身に付けていくことができる。

2 付けたい力

○説明したい事物について,順序に着目して説明の仕方を工夫することができる。
〔国語への興味・関心・態度〕
○自分の思いや目的に応じて,説明する事柄の順序を考えて話すことができる。
〔A話すこと・聞くこと　イ〕
○相手に応じて声の大きさや速さなどに注意して話すことができる。
〔A話すこと・聞くこと　ウ〕
○言葉には,事物の内容を表す働きがあることに気付くことができる。
〔伝統的な言語文化と国語の特質に関する事項　イ(ア)〕

3 単元計画（全14時間）

第一次　学習のめあてや見通しをもつ

❶　アニメに登場する道具のクイズを行い，興味・関心を高める。
　　「あったらいいな」という事物を考え，説明し合うというめあてをもつ。

ポイント
○クイズをただ楽しく行うだけではもったいないです。クイズの問題を「この道具は何でしょう」「どんなはたらきがあるでしょう」とし，事物の説明に欠かせない事柄について，単元の導入から意識して扱いましょう。

第二次　想像した事物について詳しく考え順序立てて説明する話し方を考える

❷　事物を説明するために，必要な事柄を考える。
❸～❹　自分が想像した事物について，「名前」「はたらき」「色・形や大きさ」「考えた理由」などを考えながら絵で表す。
❺～❻　絵を示しながら事物の「名前」「はたらき」「色・形や大きさ」「考えた理由」について友達と尋ね合う。
❼　自分が想像した事物を説明するために，話す順序を考える。
❽～❾　話す順序に沿って，原稿を書く。
❿～⓫　絵を示すタイミングや声の大きさ，速さなどにも注意しながら練習する。

ポイント
○本単元における「事物についてくわしく考える」とは，「名前」「はたらき」「色・形や大きさ」「考えた理由」について考えることとしました。いずれも事物を説明するときに欠かせない事柄です。「くわしく」の内容を具体的に示すことが大切です。

第三次　想像した事物について説明し合う

⓬～⓭　説明をし合い，お互いの説明の仕方のよさを見付ける。
⓮　学習の振り返りを行い，事物を説明する際に大切なことを確認する。

ポイント
○14時間目の振り返りには，身に付いた力をメタ認知させるために，身の回りにある実際の事物を用いて説明する活動を取り入れてもよいでしょう。家庭学習で「身の回りの物説明辞典」作りを行うことも考えられます。

4　本時の授業展開（8／14時間）

STEP1

指導者が想像した事物の説明を,「名前」「はたらき」「色・形や大きさ」「考えた理由」がどのような順序で話しているか, 気を付けながら聞く。その後, 拡大した指導者の説明メモを見て, 指導者が話した順序の理由を考える。

◆実際の説明とメモとを併せて分析することで, 自分の思いや目的に応じて話す順序を考える必要があることをつかませましょう。

STEP2

自分が想像した事物の「名前」「はたらき」「色・形や大きさ」「考えた理由」などについて,「自分が工夫したところ」「よい考えだと思うところ」「これは伝えたいなというところ」の観点から改めて見直し, 話す順序を考える。

一人一人の考えが黒板に位置付くように, ネームプレート（◯◯）などを活用して視覚化できるようにしましょう。

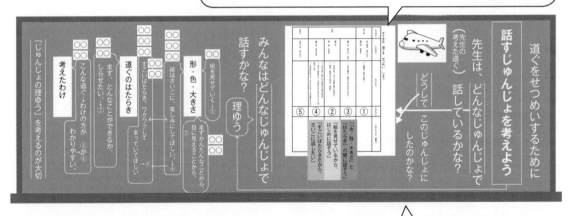

本時で活用したメモなどは, 単元をとおして使用します。子供たちも見通しをもちながら活動することができます。本時だけでなく教室に掲示するなどしましょう。

STEP3

話す順序を決め, 原稿を書く準備をする。

◆子供たちが「これをしっかり伝えたいから, ここで話すよ」というように, 話す順序に根拠をもつことができるようにしましょう。

◆使用する原稿の様式は, 平成20年度全国学力・学習状況調査A問題6が参考になります。

5 ワークシート例

すてきな 道ぐを せつめい しよう

こうせい	はじめ	なか	おわり
ことがら	はじめの あいさつ／道ぐの 名まえ／道ぐを 考えた わけ	道ぐの 形・色・大きさ／道ぐの はたらき	おわりの あいさつ
ないよう			
じゅんじょ	①	（本時は，この欄に自分の考えた順序を数字で書き入れます。その際には，下の「じゅんじょの理ゆう」と併せて考えられるようにしましょう。）	⑤
じゅんじょの 理ゆう	この欄に，上の欄に記述した話す順序の理由を書きます。 「じゅんじょの理ゆう」文例 ○「すごい道ぐだ！」とはじめに思ってほしいから，「はたらき」を②にしました。 ○はじめに絵を見せてどんな形や色や大きさなのかをわかってほしいから，「形・色・大きさ」を②にしました。 ○さい後に「こんな道ぐです！」と絵を見せてみんなにおどろいてほしいので，「形・色・大きさ」を④にしました。		

③ 第3学年
めざせ！しつもんマスター

■教材名：「よい聞き手になろう」（光村図書3年上）　■時間数：全6時間

全国学力・学習状況調査と本単元との関連

　全国学力・学習状況調査において，話の中心や話し手の意図を捉えながら聞き，狙いを明確にして質問をすることについて課題が見られる。そこで，本稿では，中学年〔A話すこと・聞くこと〕「エ　話の中心に気を付けて聞き，質問をしたり感想を述べたりすること」を重点的な指導事項として設定した授業構想を示す。

1　本単元の概要

　本単元では，日常的に取り組んでいる「お話タイム」でよりよい聞き手になることを目指し，スピーチの話を聞いた後の質問をどのようにしたらよいかを考える言語活動を設定する。

　本単元で取り上げた教材「よい聞き手になろう」では，「お話タイム」におけるスピーチに対して質問や感想を述べる場面を二つ例示し，質問の種類を明らかにしたり，話の中心や話し手の意図に沿った質問について考えさせたりしている。また，「きちんとつたえるために」のページにおいて，言いたいことを伝えるために落としてはいけないことは何かを考えることができるようにしている。単元の終末には，3，4人のグループで質問や感想を述べ合う活動を位置付け，よい聞き方や話し方について活動をとおして学ぶことができるようにしている。

2　付けたい力

○相手や目的に応じ，話の中心に気を付けて聞き，進んで質問をしようとすることができる。
〔国語への興味・関心・態度〕

○話の中心に気を付けて聞き，質問をしたり感想を述べたりすることができる。
〔A話すこと・聞くこと　エ〕

○表現したり理解したりするために必要な語句を増し，また，語句には性質や役割の上で類別があることを理解することができる。
〔伝統的な言語文化と国語の特質に関する事項　イ(オ)〕

Chapter2 本当の学力を付ける「話すこと・聞くこと」の授業&言語活動プラン

3 単元計画（全6時間）

第一次　学習のめあてや見通しをもつ

❶「お話タイム」を振り返り，聞き手の質問や感想の課題を捉える。
　　質問や感想の仕方を工夫し，よりよい聞き手を目指すというめあてをもつ。

ポイント
　○実際の「お話タイム」の様子を撮影したVTRと，教師によるモデルを視聴し，両者を比べることによって課題を見付けることができるようにしましょう。

第二次　よい聞き手になるために，質問の観点や仕方について考える

❷　モデルのスピーチに対して質問したいことを出し合ったり，教科書の質問の例を確かめたりして，質問の観点について考える。
❸　スピーチに対する二つの質問の例を比較し，話題に応じて，ふさわしい質問について考える。
❹　聞きたいことがうまく伝わらなかった質問を取り上げ，相手にきちんと伝えるために落としてはいけないことについて考える。

ポイント
　○質問の観点を考える際には，スピーチをとおして聞いたり，一文ずつ区切って聞いたりした後，文字に起こしたもので確認するなどして，スピーチの話題と質問を対応させて考えることができるようにしましょう。
　○聞き手が「話題に応じた質問」をできるよう，話し手は話題の中心をはっきりさせることが大切であることにもふれましょう。
　○「いつ」「どこで」「だれが」などの大事なことを落とさないようにしましょう。

第三次　質問の観点や仕方を工夫してグループごとにスピーチや質問をし合う

❺〜❻　質問の種類や話の内容に合った質問について確認した後，3，4人のグループに分かれてスピーチや質問をし合う。

ポイント
　○始めに，教師が行うスピーチに対してどのような質問が考えられるかを全体で考え，質問のポイントを確認した後，グループごとに分かれてスピーチや質問をし合うようにしましょう。

4 本時の授業展開（2／6時間）

STEP1

グループごとに「お話タイム」のスピーチをし合い，質問をしたい内容をメモに取り，互いに質問をし合う。

◆質問をしたい内容は付箋紙にメモを取り，STEP2において観点ごとに整理することができるようにします。

STEP2

どのような観点に着目して聞けばよいかを話し合い，モデルのスピーチに対する質問を出し合ったり，教科書の質問の例を確かめたりして，質問の観点を整理する。

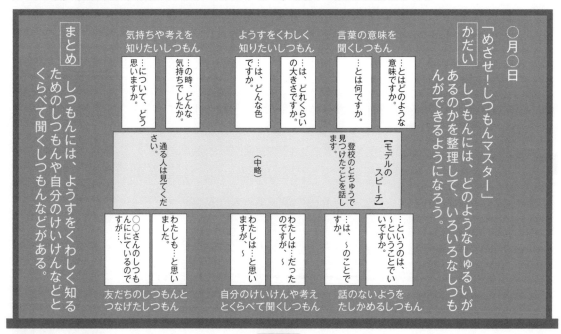

STEP3

再びグループごとに「お話タイム」のスピーチをし合い，整理した観点を基に質問をし合う。

◆「お話タイム」のスピーチは授業の冒頭と同じ内容とし，整理した観点を基に幅広く質問を行うことにより，本時の学習の成果を実感できるようにします。

Chapter2 本当の学力を付ける「話すこと・聞くこと」の授業&言語活動プラン

5 ワークシート例

※このワークシートは，前ページに記載の2時間目「STEP2」でモデルのスピーチをとおして聞いたり，一文ずつ区切って聞いたりして付箋に質問を書いた後に配付します。

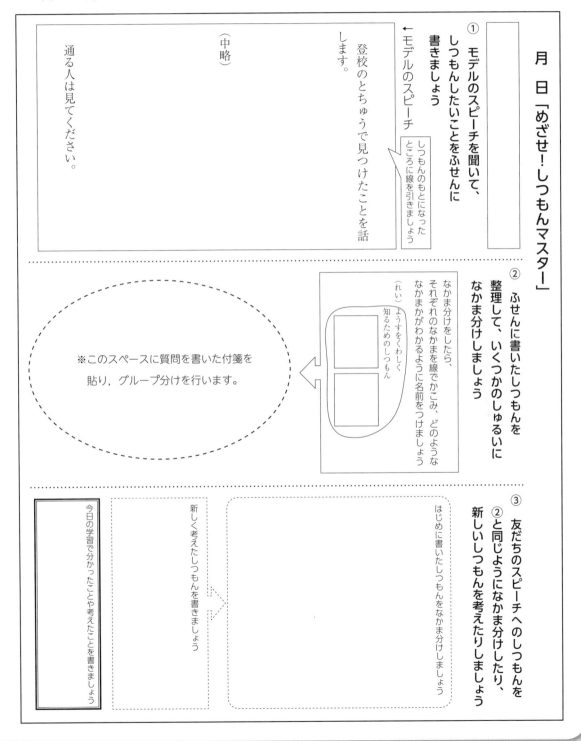

❹ 第4学年
ポスターにまとめて報告しよう

■教材名:「報告します,みんなの生活」(東京書籍4年下) ■時間数:全10時間

全国学力・学習状況調査と本単元との関連

全国学力・学習状況調査において,相手や目的に応じて,資料を活用しながら話し方を工夫することについて課題が見られる。そこで,本稿では,中学年〔A話すこと・聞くこと〕「イ 相手や目的に応じて,理由や事例などを挙げながら筋道を立て,丁寧な言葉を用いるなど適切な言葉遣いで話すこと」を重点的な指導事項として設定した授業構想を示す。

---

1 本単元の概要

本単元では,学級のみんなの生活について調べたことをポスターにまとめて報告することをとおして,資料の効果的な活用について考える言語活動を設定する。

本単元で取り上げた教材「報告します,みんなの生活」では,「読書」や「言葉づかい」など学級のみんなの生活について調べ,分かったことをポスターにまとめて発表し合う学習を展開し,「①調べることを決める」「②アンケートを作る」「③ポスターを作る」「④発表の練習をする」「⑤ポスター発表をする」の5つについて,学習のポイントや具体例を示している。資料の活用については,ポスターを作る際に,アンケート結果をグラフにするなど分かりやすくする工夫を行ったり,ポスターを発表する際にグラフなどの資料の指し示し方や順番を工夫したりすることができるようになっている。

2 付けたい力

○相手や目的に応じ,調べたことについて資料の活用などを工夫しながら話そうとすることができる。

〔国語への興味・関心・態度〕

○相手や目的に応じて,理由や事例などを挙げながら筋道を立てて話すことができる。

〔A話すこと・聞くこと イ〕

○表現したり理解したりするために必要な語句を増し,また,語句には性質や役割の上で類別があることを理解することができる。

〔伝統的な言語文化と国語の特質に関する事項 イ(オ)〕

3 単元計画（全10時間）

> **第一次　学習の見通しをもち，調べることを決める**

❶～❷　教師のポスターを用いた発表モデルにより学習の見通しをもち，学習課題「みんなの生活をポスターを使ってほう告しよう」を設定し，学習計画を立てる。

ポイント
〇教師のモデルによって学習の見通しをもたせるとともに，日常の生活を振り返り，いくつかのテーマを例示して予想させるなどして，みんなの生活への興味をもたせる工夫を行いましょう。

> **第二次　みんなの生活について調べ，ポスター発表の準備をする**

❸　みんなの生活について，調べることを決める。
❹　調べる内容やみんなに質問したいことを整理し，アンケートを作る。
❺～❻　アンケートの結果をまとめ，グラフや表を使うなど分かりやすくなる工夫をしてポスターを作る。
❼～❽　話し方やポスターの指し示し方など分かりやすく伝えるための工夫を考えながら発表の計画を立て，練習をする。

ポイント
〇アンケートで調べる項目を決めたり，結果をまとめたりする際には，アンケートによって何が分かり，それがポスター発表の中でどのような役割を果たすのかなど，アンケートの目的を明確に意識できるようにしましょう。
〇発表の計画を立て，練習を行う際には，指し示すポスターの順番や，グラフなどの資料の説明の仕方について，学級全体で分かりやすい方法を考えるなど，工夫することを焦点化しましょう。

> **第三次　ポスターを使った発表を行い，資料の活用の仕方などについて振り返る**

❾～❿　いくつかのグループがポスターを使って同時に発表を行い，発表後，資料の活用の仕方などの視点で振り返る。

ポイント
〇ポスター発表では，聞き手の目的意識を明確にもたせるため，発表の内容について知りたいことは何か，発表の方法はどうであったか，といった聞く観点を事前に確認しましょう。

4　本時の授業展開（7／10時間）

STEP1

グループごとに作成したグラフの説明を行い，説明する難しさを確認したり，分かりやすく伝えるための工夫について考えたりする。

◆グループで話し合ったことをワークシートに書き，STEP2に繋げたり，STEP3と比較したりすることができるようにします。

STEP2

教師による2つの説明のモデルから，グラフなどの資料を分かりやすく説明するための工夫について考える。

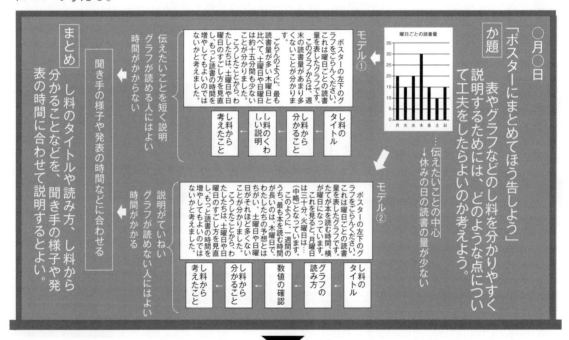

STEP3

STEP2で考えた説明の工夫を基に，自分たちのグループの資料の説明をどのように行うか考える。

◆資料をとおして伝えたいことの中心は何か，ポスター発表全体の時間のうち，資料の説明はどれくらいの時間をかけるのかなどを確認するようにします。

5 ワークシート例

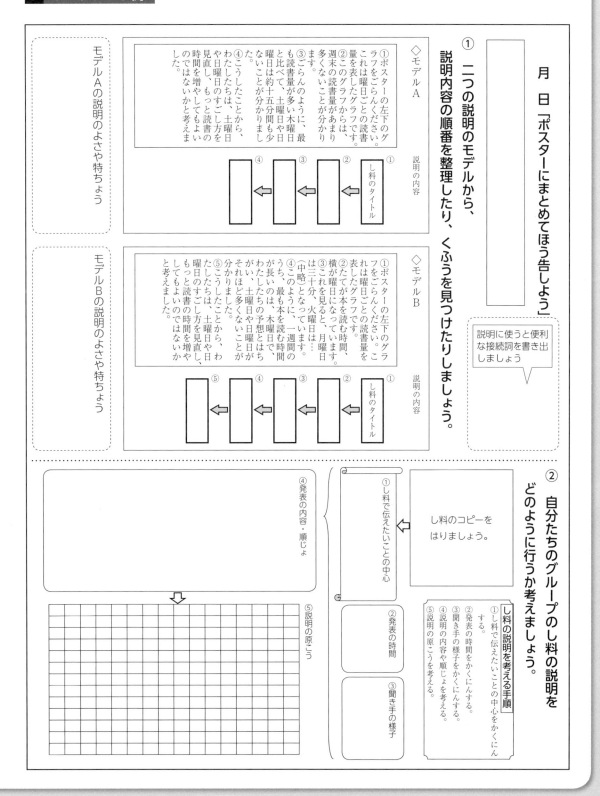

⑤ 第5学年
相手の意図を捉えながら助言しよう

■教材名：「意見と理由を聞き取ろう」（東京書籍5年）　■時間数：全6時間

全国学力・学習状況調査と本単元との関連

　全国学力・学習状況調査において，質問したり助言したりするために，適切な雰囲気づくりをすること，相手の立場やその場の状況に応じて，共感的に話を聞こうとすることなどに課題が見られる。そこで，本稿では，高学年〔A話すこと・聞くこと〕「イ　目的や意図に応じて，事柄が明確に伝わるように話の構成を工夫しながら，場に応じた適切な言葉遣いで話すこと」を重点的な指導事項として設定した授業構想を示す。

1　本単元の概要

　本単元では，資料を提示しながら説明や報告をしたり，それらを聞いて助言や提案をしたりする言語活動を設定する。話し手は，聞き手の理解が得られる資料や具体的な事例を示すことで，相手の反応や話す内容と資料との適合性などに考慮しながら話すことができるようになる。一方で，聞き手は，話の内容に共感することで，自分の考えとの違いが明らかになり，話し手の立場に立った助言や提案ができるようになる。

　本単元で取り上げた教材「意見と理由を聞き取ろう」は，身近なボランティア活動として訪問するケアハウスで行う出し物を話し合う活動である。ここでは，お互いの意見の共通点や相違点に着目して，意見と理由を正しく聞き取る力が求められる。話の内容を正しく聞き取ることができれば，話し手の意図や目的を的確に捉え，理由も関連付けて話の内容を聞くことができる。また，相手をより意識した発言を促し，話し合い全体の見通しをもつこともできる。

2　付けたい力

○話し手の目的や意図を理解し，互いの立場に共感し合える雰囲気づくりをすることができる。
〔国語への興味・関心・態度〕

○話の内容を的確に理解し，分かりやすい話の構成を工夫しながら，適切な言葉遣いで助言したり提案したりすることができる。
〔A 話すこと・聞くこと　イ〕

○話し手の意図を捉えながら，話の内容を確認したり質問したりして自分の考えをまとめることができる。
〔A 話すこと・聞くこと　エ〕

○相手や場面に応じた適切な言葉遣いをすることができる。
〔伝統的な言語文化と国語の特質に関する事項　イ(ク)〕

3 単元計画（全6時間）

第一次　学習のめあてや見通しをもつ

❶ 助言，相談した経験を基に，事前に話し手の情報を知る大切さを話し合う。
❷ 聞き手の好意的な態度や表情の特徴を整理し，相手の立場に立った助言をするという学習のめあてをもつ。

ポイント
○助言や相談をした経験を振り返り，聞き手の反応を見ながら，話し手に安心感や信頼感を与えることの必要性を認識できるようにしましょう。

第二次　助言をするための知識，技能を整理する

❸ 発言する目的とその内容を確かめる。
　4人のモデルとなる意見を比較しながら，意見の特徴と内容の違いを正しく理解し，その意見の基盤になる根拠を明らかにする。
❹ それぞれの意見の共通点と相違点に目を向けて，分かったことを図表に整理する。
❺ 提案するために必要な条件を基に，4人の意見を比べて，優先順位を付ける。
　取り上げたい意見を一つ選び，相手の立場に応じた助言をまとめる。

ポイント
○相手の話の内容を正確に理解するために，内容の確認をしたり質問したりする場を工夫しましょう。
○自分自身の意見との共通点や相違点，関連する事柄などを整理しましょう。
○ワークシート作成のポイントは，話し手から得られる情報と自分の考えを関連付けることです。適切な助言を組み立てることができるものを作成しましょう。

第三次　共感的に助言し合う場を設定し，相手の意図に応じた助言を出し合う

❻ 意見ごとに，作成した助言を述べ合う。
　助言の効果を評価し合い，その成果と課題を話し合う。

ポイント
○相手が自ら課題を解決できるような助言や提案をしましょう。
○助言の内容が適切なものか，相手の立場に寄り添ったものか，具体的な観点を基に相互評価するようにしましょう。

4 本時の授業展開（5／6時間）

STEP1

提案の仕方を見直して，話し手の問題点や助言するときの留意点を明らかにする。

- ◆大事なことを落とさないように，必要に応じてメモを取りながら聞きましょう。
- ◆相手の立場を推測したり，状況を正しく理解したり，相手のよいところを見付けたりしながら，話を聞く態度を身に付けましょう。

STEP2

意見とその理由，具体的な方法を明確に区別しながら，グループごとに意見を出し合う。更に，それぞれの意見を比較して，助言する際に役立つ意見を分類，整理する。

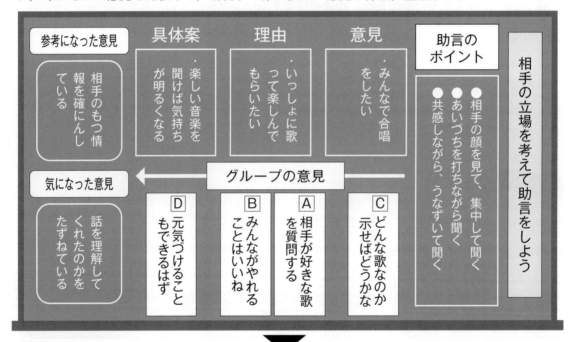

STEP3

相手の立場に応じた助言をするために，次のような手順で自分の考えをまとめる。

- ◆教材文の4人の意見を読み比べて，最も共感できる意見を選択しましょう。
- ◆直接体験，既有の知識や情報，相手が気付かない観点を助言に取り入れましょう。
- ◆相手の選択の幅を広げ，目的を再認識させるような助言を組み立てましょう。

5 ワークシート例

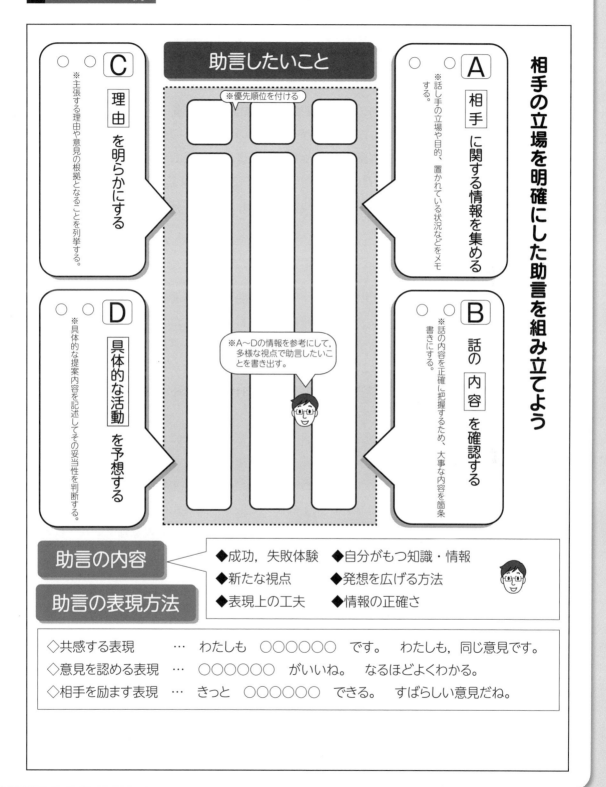

6 第6学年
立場や意図を明確にして討論しよう

■教材名:「学級討論会をしよう」(光村図書6年)　■時間数:全6時間

全国学力・学習状況調査と本単元との関連

全国学力・学習状況調査において,司会がそれぞれの立場からの主張を整理し,話し合いの観点を明確にすることや参加者が立場や意図を明確にして質問や意見を述べることに課題が見られる。そこで,本稿では,高学年〔A話すこと・聞くこと〕「オ　互いの立場や意図をはっきりさせながら,計画的に話し合うこと」を重点的な指導事項として設定した授業構想を示す。

---

1 本単元の概要

本単元では,調べたことやまとめたことについて,討論する言語活動を設定する。討論では,話し合うテーマを幅広く捉えたり,考えを明確にする資料を用意したりする力が必要である。また,多面的な意見や新たな視点からの提案が出されることも予想される。話し合いで異なる立場の意見や対立する意見が出されても,自分の考えを明確にしながら対応する力が身に付けば,互いの意見を尊重し合い,多くの意見を関係付け,自分の考えを広げ,深めていくことができるようになる。

本単元で取り上げた教材「学級討論会をしよう」は,立場を明確にした意見を主張し合い,互いの考えを広げることを目指している。ここでは,学級文庫に漫画を置くかどうかについて,二つの立場に分かれて議論している。肯定,否定の立場がはっきりすれば,主張と理由を分かりやすく関係付けることができる。また,相手の意図を的確に受け止めることで,互いの立場の共通点や相違点を見出すこともできる。議題に沿って,どれだけ自分の意見を広げることができたのか,討論で培った経験を他教科や日常生活に活かすことが大切である。

2 付けたい力

○討論の目的とその特徴を理解し,話し合いで自分の考えを深めようとすることができる。
〔国語への興味・関心・態度〕

○話し手の意図を捉えながら友達の意見を聞き,自分の意見と比較したり複数の意見を関連付けたりして,自分の考えをまとめることができる。　〔A話すこと・聞くこと　エ〕

○互いの立場や意図を明らかにして,話し合いに見通しをもって参加することができる。
〔A話すこと・聞くこと　オ〕

○語句の反復や倒置などの説明的な表現方法を用いた意見をまとめることができる。
〔伝統的な言語文化と国語の特質に関する事項　イ(ケ)〕

Chapter2 本当の学力を付ける「話すこと・聞くこと」の授業&言語活動プラン

3 単元計画（全6時間）

第一次　学習のめあてや見通しをもつ

❶ 学級文庫に漫画を置いた場合と置かない場合のよい点と問題点を表にまとめる。
❷ 意見に共感できるのか話し合い，学級討論会をするという学習のめあてをもつ。

ポイント
○討論会の議題を分析し，自分の立場を明確にしましょう。
○肯定意見と否定意見の両面から内容と理由を比較しながら，そのよさと問題点を図表にまとめ，自分の考えを整理しましょう。

第二次　討論会の話題を分析し，肯定，否定の両者の主張を整理する

❸ 自分の考えを広げるために，討論会の目的や進め方を確認し，役割分担する。
❹ 主張するための立場と理由を明らかにして，討論する前の自分の意見をまとめる。
❺ 学級討論会を開く。
　○司会は，それぞれの立場の主張を整理して，議題に沿った話し合いを進行する。
　○肯定，否定グループに分かれて，自分たちの意見を主張し合う。
　○質疑応答をして，論点や主張の根拠となる理由を明確にする。

ポイント
○自分の考えを広げるために，次のような考え方を取り上げましょう。
　■批判的に考えてみる　　　　■視点を変えて考える
　■多面的に理由を考える　　　■他の言葉や表現に言い換える
○ワークシート作成のポイントは，討論会の進行に沿って，自分の考えの変容を確かめることにあります。そこで，気になった意見の特徴を，はっきり示しましょう。
○意見が適切か司会に判断させながら，意見の調整をさせましょう。

第三次　相手の意見を正しく引用しながらそれぞれの意見を評価する

❻ 討論した後の自分の意見をまとめる。
　○自分の意見の変容を振り返り，討論の仕方や理由の示し方について話し合う。

ポイント
○相手の意見を要約したり引用したりして，質問や助言の内容を十分に検討する時間を確保しましょう。
○納得できるか，信頼できるか，意見の説得力に着目して評価する場を設定しましょう。

4 本時の授業展開（6／6時間）

STEP1

学級討論会をとおして，自分の意見がどのように変化したのかを振り返り，そのきっかけになった理由を，具体的な観点を示しながら説明する。

◆自分の立場を強調するために役立った意見や自分の立場を変えるきっかけになった意見を引用しながら説明します。

STEP2

討論に参加しないグループをつくり，討論する前の意見，討論した後の意見に賛同する人の数を調べて，どのような気持ちの変化があったのか，インタビューする。

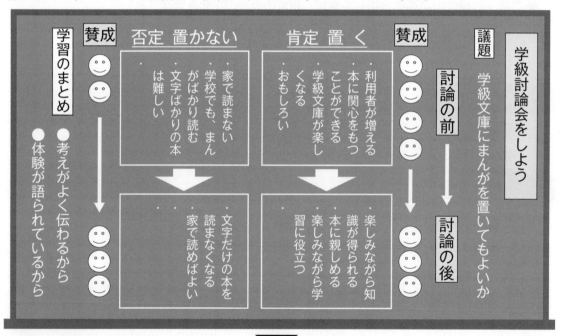

STEP3

肯定グループ，否定グループ，それぞれの主張や根拠となる理由の変化を捉え，どちらの意見に説得力があり，自らの考えを広げることができたのかを話し合う。

◆キーワードの繰り返しや言い換え，相手に分かりやすい話の構成，相手の行動を促す表現など，自分の意見を強調する説明方法に気付かせます。

Chapter2 本当の学力を付ける「話すこと・聞くこと」の授業＆言語活動プラン

5 ワークシート例

討論する前の意見

【 肯定 ・ 否定 】

※討論会の前の
　自分の意見を記述する。

気になった意見

Ⓐ
※話の内容や意図が
　理解できない意見

Ⓑ
※納得した意見
　共感した意見

Ⓒ
※効果的な表現を使った
　印象的な意見

Ⓓ
※疑問を抱いた意見
　分かりにくい意見

討論した後の意見

【 肯定 ・ 否定 】

※討論会を終えた後の
　自分の意見を記述する。

自分の立場に変化があったのか，○を付けよう。

討論会の進め方

1　議題と目的を確認する
　◆考えを広げる話し合いの目的を知らせる。
2　司会，記録，計時係を紹介する
　※事前に意見の内容や発表順番を確認する。
3　肯定するグループの意見発表❶
　◆主張する理由を確認する。
4　否定するグループの意見発表❶
　◆主張する理由を確認する。
5　意見の共通点と相違点を整理する
　◆初めの意見を聞いた感想を発表させる。
6　質疑応答をする
　◆疑問点を整理して，意見を求める。
　※発表グループは，事前に，質問内容を予想させ，
　　答えるための資料を準備させる。
7　質問を受けて修正した意見を準備する
　※準備する間，話し合いの展開を確認する。
8　肯定するグループの意見発表❷
　◆初めの意見との違いを明らかにする。
9　否定するグループの意見発表❷
　◆効果的な表現を取り上げて評価する。
10　討論会の進め方を振り返る
　◆終わりの意見を聞いた感想を発表させる。
　◆効果的な表現や説明方法を取り上げる。

Chapter3 本当の学力を付ける「書くこと」の授業＆言語活動プラン

❼ 第1学年
見付けたことを文章に書いて知らせよう

■教材名：「しらせたいな，見せたいな」（光村図書1年下）　■時間数：全10時間

全国学力・学習状況調査と本単元との関連

　全国学力・学習状況調査結果から，「書くこと」の指導においては，書く事柄を整理したり，構成したりして記述する能力を育てていくことが重要であると指摘されている。そこで，本稿では，低学年〔B書くこと〕「ア　経験したことや想像したことなどから書くことを決め，書こうとする題材に必要な事柄を集めること」及び「ウ　語と語や文と文との続き方に注意しながら，つながりのある文や文章を書くこと」を重点的な指導事項として設定した授業構想を示す。

---

1 本単元の概要

　本単元では，学校で見付けたものを観察し，説明する文章を書くという言語活動を設定する。身の回りのものについて，家族に知らせるために書くという学習を行うことは，子供たちの目的や相手意識を明確にする。また，これまで家族に話し言葉で伝えていたことを，文章表現によっても伝えることができるようになる。

　本単元は，子供たちにとって説明的な文章を書く初めての単元であることから，「課題設定・取材」「構成」「記述」「推敲」「交流」という一連の学習活動に沿って，「書くこと」の基礎的な能力を身に付けることが求められる。

　また，低学年においては，書くことを楽しめるようにすることも重要である。そのためには，表現するために必要な語彙を増やしていく必要がある。そこで，本単元では，知らせたいものについて詳しく観察し，表現する活動をとおして，色や形，手触りや動作などの様子を表す語彙を増やしていくことも重視する。

2 付けたい力

○家族に知らせたいという思いを膨らませ，楽しんで文章を書くことができる。

〔国語への興味・関心・態度〕

○身の回りのものについて詳しく観察し，書きたい事柄を集めることができる。

〔B書くこと　ア〕

○ものの様子や特徴を捉え，語と語や文と文との続き方を考えながら書くことができる。

〔B書くこと　ウ〕

○言葉には，意味による語句のまとまりがあることに気付くことができる。

〔伝統的な言語文化と国語の特質に関する事項　イ(ウ)〕

3 単元計画（全10時間）

第一次　学習のめあてや見通しをもつ

❶ 学校で見付けたものについて，家族に教えてあげたいことを伝え合う。
❷ 書いてみたいと思う気持ちを膨らませながら，学習計画を立てる。

ポイント
○物事を観察し説明する文章を初めて書く単元なので，子供たちが書きたいと思う気持ちを膨らませることが大切です。そのために，日常生活や学習での体験を十分に思い起こさせるようにしましょう。

第二次　書きたい事柄を集め，楽しみながら書く

❸〜❹ 知らせたいものの絵と，見付けたことを短い言葉で発見カードに書き，ワークシートに整理する。
❺ モデル文を使い，文章の構成や表現の特徴を捉える。
❻ 語と語や文と文とのつながりに気を付けて，カードを基に作文シートに書く。
❼〜❽ 書いた文を並べ替え，文と文とのつながりに気を付けて文章にする。
❾ 書いた文章を読み返し，文字や句読点などについて正しく書けているか確かめる。

ポイント
○書きたい事柄ごとに1枚のカードに書かせましょう。「色」「形」「大きさ」「手触り」「動き」などの観点を決めたワークシートに整理すると，何を書けばよいかが分かりやすくなります。
○モデル文を使って，書き方について解説するだけでなく，「何を伝えたかったのか」「使う言葉や書く順序をどのように考えたのか」などについて，書き手の考えについても説明することが大切です。

第三次　友達と紹介し合い，上手に書けているところを伝え合う

❿ 書いたものを読み合ったり，家族に伝え合ったりした感想を受けて，単元全体の学習について振り返る。

ポイント
○伝え合うときには，書いたものを黙って読み合うだけでなく，伝えたかったことについて，言葉でも説明するようにします。また，低学年では，よいところを見付けて感想を伝え合う交流をします。

4 本時の授業展開（6／10時間）

STEP1

発見カードに書き，それを整理してきた学習を振り返りながら，書きたいことを明確にすることで，書きたい気持ちを高める。

◆書きたいという気持ちを高めながら，読んだ人が分かりやすいように書くことが大切であることを実感できるようにします。

STEP2

知らせたい事柄が読み手に伝わるように，ふさわしい言葉を考えて作文シートに書き，語と語や文と文とのつながりなどについて確かめる。

◆色や形，動きなどの様子を表す際に，どのような言葉を使って表現するのがふさわしいか，言葉を集めた「ことばのひきだし」カードを作成して活用しましょう。

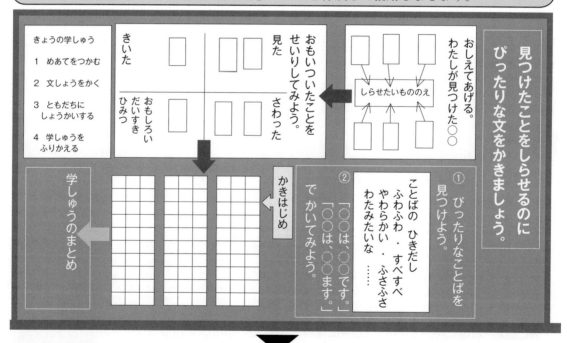

STEP3

書いた文について互いに読み合い，感想を伝え合う交流をする。

◆交流の際は，よいところを見付けたり，もっと聞いてみたいことを質問したりすることが大切です。やりとりを楽しく感じられるようにしましょう。

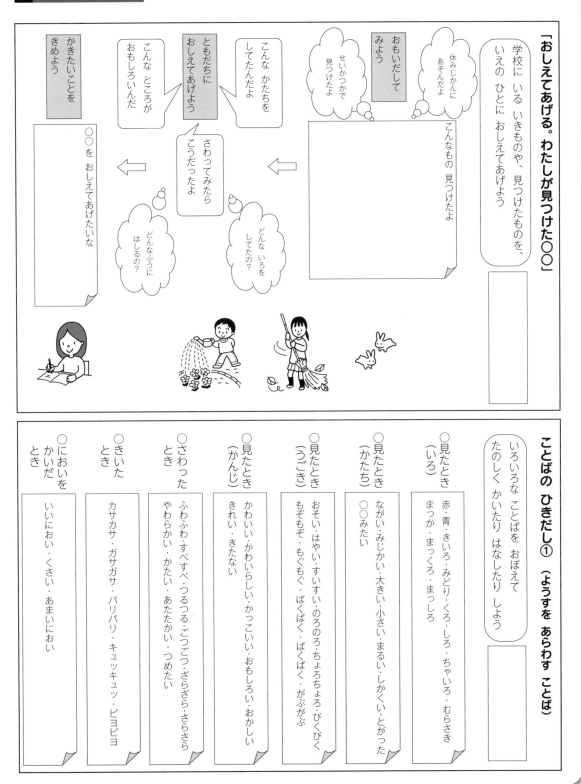

⑧ 第2学年
心にのこったできごとをじゅんじょよく書こう

■教材名：「じゅんじょよく書こう」（東京書籍2年上）　■時間数：全10時間

―― 全国学力・学習状況調査と本単元との関連 ――

全国学力・学習状況調査から，文や文章の構成を整えて書くためには，「児童自身が間違いを正したり，よりよい表現に書き直したりする推敲について十分な指導を行う必要がある」という結果が得られた。そこで，本稿では，低学年〔B　書くこと〕「エ　文章を読み返す習慣を付けるとともに，間違いなどに気付き，正すこと」を重点的な指導事項として設定した授業構想を示す。

1　本単元の概要

　本単元では，心に残った出来事を思い出し，時間的な順序に沿って文章を書くという言語活動を設定する。出来事を時間的な順序に沿って整理したり書いたりする活動をとおして，子供たちは，文章の簡単な構成の仕方を学んでいく。また，本単元では，書いた文章を推敲する活動を重視することから，書いたものを読み返す習慣とともに，観点に沿った推敲の仕方を身に付けていくことを重視する。

　文章を推敲するときには，目的や課題に応じた観点を設定することが重要である。そこで，本教材「じゅんじょよく書こう」では，「字の間違いを正す」ことを中心としながら，前単元で学習した「主語と述語の関係を整える」，本単元の中心である「時間的な順序に沿う」を観点として加えた推敲カードを作成する。それを基に，書いた文章を繰り返し読み返し，全体の構成を整えたり，よりよく推敲したりして書く能力を高めていく。

　更に，出来事を思い出して詳しく書く過程で，自分の思いを表現するのに適した言葉を考え，新たな語彙を身に付けていくことも重視する。

2　付けたい力

○心に残った出来事を思い出し，伝えたい思いを膨らませながら文章を書くことができる。
〔国語への興味・関心・態度〕

○伝えたい出来事について，時間的な順序に沿った構成で文章を書くことができる。
〔B書くこと　イ〕

○書いた文章を読み返し，間違いなどに気付いて正すことができる。　〔B書くこと　エ〕

○長音，拗音，促音，撥音などの表記ができ，助詞を正しく使うことができる。
〔伝統的な言語文化と国語の特質に関する事項　イ(エ)〕

3 単元計画（全10時間）

第一次　学習のめあてや見通しをもつ

❶ 心に残った出来事について詳しく思い出し，書きたいという思いを膨らませる。
❷ 書くために何を学んだらよいかについて見通しをもち，学習計画を立てる。

ポイント
○ペアなどで出来事について伝え合い，もっと聞きたいことを質問し合うことで，何を取り上げ，どのように伝えたらよいか，見通しをもたせるようにしましょう。

第二次　時間的な順序に沿って構成を考え，書いた文章を確かめる

❸ 書きたいことを詳しく思い出し，マッピングカードに書く。
❹ 書きたいことを，「はじめ」「中」「おわり」に整理し，「中」の順序について構成を考える。
❺ モデル文を使い，文章の特徴を捉える。
❻〜❼ ワークシートに整理したことを基に，順序の整った文章を書く。
❽〜❾ 推敲カードとモデル文を使って推敲の仕方を理解し，書いた文章を繰り返し読み返して整える。

ポイント
○モデル文を使って，内容や順序をどのように考えたのかについて，書き手の考えに沿って説明していきましょう。
○接続表現を使うことで時間的な順序が分かりやすくなることを実感させることが大切です。
○推敲カードを活用して，書いた文章を読み返し正しく整える習慣を付けましょう。推敲カードを作る際は，学年に応じた観点を設定することがポイントです。

第三次　書いた文章を読み合い，よいところを伝え合う

❿ 書いた文章を読み合い，伝え合った感想を基に，何ができるようになったかを明らかにし，単元全体の学習を振り返る。

ポイント
○伝え合うときには，書いたものを黙って読み合うだけでなく，どのように考えて書いたのかを伝え合うようにします。書かれた文章の背景にある考えや思いを分かった上で，やりとりをすることが大切です。

4 本時の授業展開（8／10時間）

STEP1

モデル文を使い，推敲の観点や仕方について理解する。

◆時間的な順序などが整っていない文章を使い，何をどのように正せばよいのかについて，教師の考えを示したり，子供たちがモデル文を使ってやってみたりすることで，推敲することの大切さが実感できるようにしましょう。

▼

STEP2

書いた文章を繰り返し読み，読んだ人が分かりやすい文章になっているかについて考え，推敲カードを基に正しくする。

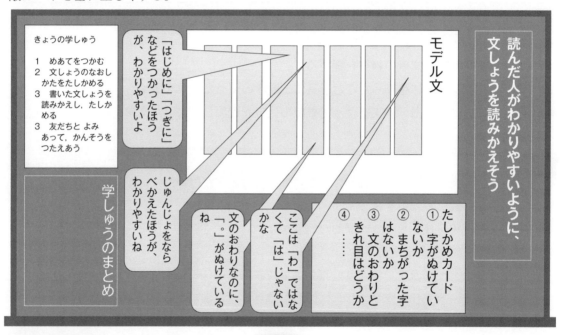

▼

STEP3

推敲した文章について互いに読み合い，感想を伝え合う交流をする。

◆交流の際は，どこをどのように推敲したのか，なぜそうしたのかなどについて伝え合います。分かりやすい文章になっているかについて，読み手としての感想を伝え合うようにしましょう。

Chapter3 本当の学力を付ける「書くこと」の授業&言語活動プラン

5 ワークシート例

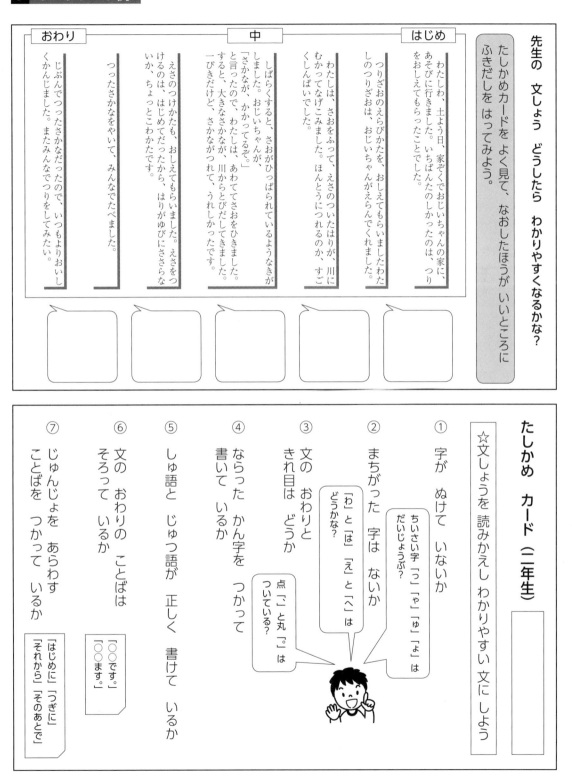

⑨ 第3学年
自分の考えが明確になるような構成にしよう

■教材名：「強く心にのこっていることを（つたえたいことを書く）」（教育出版3年下）　■時間数：全12時間

全国学力・学習状況調査と本単元との関連

　全国学力・学習状況調査において，目的に応じて，複数の内容を含む文や文章を分析的に捉えたり関連付けながら自分の意見を書くことや，意見文における冒頭と結びとの関係を捉えること（文章の構成）について課題が見られる。そこで，本稿では，中学年〔B 書くこと〕「イ　文章全体における段落の役割を理解し，自分の考えが明確になるように，段落相互の関係などに注意して文章を構成すること」を重点的な指導事項として設定した授業構想を示す。

1　本単元の概要

　本単元では，身近な出来事の中で強く心に残っていることを選んで文章を書き，友達の文章と自分の文章の構成を比べながら推敲するという言語活動を設定する。会話文や気持ちを表す言葉や文章全体の構成（「はじめ」「中」「終わり」）に着目して文章を比べることで，自分の考えを明確に表現するために文章全体の組み立ての効果を捉えることができる。事実と意見とを分けたり，段落の構成を工夫してある文章の構成を読み比べたりすることで，伝えたいことを書くための観点を共有し，自分の考えを明確にした構成の文章を書くことができる。

　本単元で取り上げた教材「強く心にのこっていることを（つたえたいことを書く）」は，思い出に残った経験を述べた友達の文章を読み，中心となる場面を捉えながら行動や様子，気持ちを表す言葉，段落，伝えたい内容などの工夫に気付くような学習活動が設定されている。また，互いに読んで感想を伝え合う学習活動も設定されており，友達の文章をよいところを見付けながら，自分の考えが明確になるような文章の構成を学ぶことができる。

2　付けたい力

○自分の考えが明確になるように文章の構成を工夫しようとしている。

〔国語への興味・関心・態度〕

○文章全体における段落の役割を理解し，自分の考えが明確になるように，段落相互の関係などに注意して文章を構成することができる。　〔B 書くこと　イ〕

○書こうとすることの中心を明確にし，目的や必要に応じて理由や事例を挙げて書くことができる。　〔B 書くこと　ウ〕

○修飾と被修飾との関係など，文の構成について初歩的な理解をもつことができる。

〔伝統的な言語文化と国語の特質に関する事項　イ(キ)〕

3 単元計画（全12時間）

第一次　学習のめあてや見通しをもつ

❶ 教科書教材を読んで，強く心に残っていることを文章に書くという学習のめあてを確認する。
❷ 生活の中で特に思い出に残っていることを話し合いながら伝え合う。

ポイント
○日常生活や学校生活での経験を振り返ることができるように日記や学級通信，作文や学習成果物などを用意し，子供たちの学習活動そのものに対する興味を高めましょう。

第二次　特に思い出に残っていることを選び，文章に書く

❸〜❹　特に思い出に残っていて友達に伝えたいと思えることを表や座標軸などを使って分類・整理する。
❺〜❻　誰に伝えたいかを決めてから，伝えたいことの中心になる場面を考え，文章の構成（順序）について文章の組み立てをメモを基に考える。
❼〜❽　文章の組み立てメモやワークシートを使って，会話や気持ちや様子を表す言葉を用いて読んでいる人に気持ちが伝わるような表現を工夫する。
❾　自分の考えが明確になるような文章の構成や表現の工夫をして文章を書く。

ポイント
○伝えたいことを書くために，いろいろと思い付いたことをメモできるワークシートを作成しましょう。
○ワークシート作成のポイントは，自分の意見や気持ちを表現するためにいつでも書き直しができ，加筆修正の過程が分かるように余白を多くすることです。
○伝える相手に応じて伝えたい内容や表現を工夫することも大切です。どのような順序で，どのような表現の工夫を使うことが読む人に分かりやすいか考えさせましょう。

第三次　友達の文章と自分の文章と比べる

❿〜⓬　友達の文章と自分の文章とを比べて，似ているところや違うところを見付け，互いの文章のよいところを伝え合う。

ポイント
○お互いの文章の中心となる場面，会話や気持ちが分かるように書いているかどうかなどの観点を共有して文章の工夫に気付くようにしましょう。

4　本時の授業展開（7／12時間）

STEP1

　教科書の文章を読んで，強く心に残っていることをどのように伝えようとしているか，文章の工夫を読む。

◆教科書の文章や自作の文章について付箋を使って文章のよいところや工夫を指摘し合い，どのような文章の構成や表現の工夫を用いているか整理させましょう。

▼

STEP2

　自分の下書きの文章とモデルの文章とを比べ，似ている点，違う点を指摘し合い，構成や表現の工夫がどのような効果を生んでいるかを話し合って考える。

◎伝えたいことを書こう。

○だん落のこう成や表げんの工夫をみつけよう。

【○○さん】
・さいしょに会話文があるから，様子がよく伝わる。
・「ガラッ」という様子を表す音の表げんが使われていて分かりやすい。

【△△さん】
・「とびきりの笑顔」「ぎゅっとにぎって」などの表げん。様子が分かりやすい。
・「ケガをしていたのに…」という友達の言葉で思いが伝わる。

【□□さん】
・「…思いつきません。」など心の言葉が書いてあって話しかけられているみたい。

▼

STEP3

　自分の考えが明確になるような文章を書き，お互いに読み合う。

◆伝えたい相手を具体的に想像して，何をどのように伝えるかを考えましょう。
◆お互いの文章の具体的によいところや工夫をたくさん指摘し合いましょう。
◆教師側でいくつかモデルとなる文章を示しましょう。

Chapter3 本当の学力を付ける「書くこと」の授業＆言語活動プラン

5 ワークシート例

段落の構成を工夫した文章の例

「まっちゃん。これ休んだ日の授業のノートとプリントだよ。」
　わたしが足を骨折して学校を休んだ時のことでした。○○さんがはげましの言葉を書きこんだ授業のノートとプリントを家にもってきてくれたのです。わたしはうれしくて，いたみをわすれて○○さんに走りよりました。…

「○○○○」（友達の言葉）
わたしが○○○○した時のことでした。○○○○のです。（出来事）
わたしは○○○○。（気持ちを表す言葉）

⑩ 第4学年
調べて分かったことや考えたことを書こう

■教材名:「読書生活について考えよう」(光村図書4年上)　■時間数:全11時間

全国学力・学習状況調査と本単元との関連

全国学力・学習状況調査において,目的に応じて,資料やグラフを読み,分かったことや考えたことを書くこと,内容を適切に引用したり複数の資料を関連付けたりしながら自分の考えを書くことについて課題が見られる。そこで,本稿では,中学年〔B 書くこと〕「ア　関心のあることなどから書くことを決め,相手や目的に応じて,書く上で必要な事柄を調べること」を重点的な指導事項として設定した授業構想を示す。

---

1 本単元の概要

本単元では,読書生活について自分の学級の調査結果と他の調査の結果とを比べながら報告書を書くという言語活動を設定する。調査結果について自分の学級の傾向と全国的な調査の結果の似ているところや違うところを比べることで,自分たちの読書生活について振り返るきっかけとなる。また,読書活動に関する複数の資料を比べて読むという学習を設定する。複数の資料を比べて読むことで,学級の読書生活の実態報告だけではなく,豊かな読書について分かったことや考えたことを文章に書くことができる。

本単元で取り上げた教材「読書生活について考えよう」では,アンケート調査を基に報告書を作成し,学級全体で読書生活について考える学習活動が設定されている。ここでは,昨年度の調査資料を読むことから,問いの立て方や結果のまとめ方などを確認・再検討している。漠然と調べて分かったことや考えたことを書くのではなく,学習の観点を共有し,豊かな読書生活について考えながら報告書を作成する流れになっている。

2 付けたい力

○進んで調べて分かったことや考えたことを文章に書こうとしている。
〔国語への興味・関心・態度〕
○関心のあることなどから書くことを決め,相手や目的に応じて,書く上で必要な事柄を調べることができる。
〔B 書くこと　ア〕
○書こうとすることの中心を明確にし,目的や必要に応じて理由や事例を挙げて書くことができる。
〔B 書くこと　ウ〕
○修飾と被修飾との関係など,文の構成について初歩的な理解をもつことができる。
〔伝統的な言語文化と国語の特質に関する事項　イ(キ)〕

3 単元計画（全11時間）

第一次　学習のめあてや見通しをもつ

❶　読書生活に関する調査を行い，報告書を作成して読書生活についてみんなで考えるというめあてをもつ。

ポイント
○学校図書の貸し出し数や人気のある本などのデータを示したりして，子供たちの読書生活に対する興味を高めましょう。

第二次　調査をして結果について考える

❷　互いの読書生活について話し合い，調べたいこと，知りたいことを整理する。
❸〜❹　教科書教材の「昨年度の調査資料」の問いの立て方や結果のまとめ方を読んでよいところや問題点を指摘し合う。
❺〜❻　学級アンケート調査で調べたいことや知りたいことについての問いを立てる。
❼〜❽　アンケート調査を行い，調査結果を基に分かったことや考えたことをまとめる。

ポイント
○アンケート調査作りや調査の結果のまとめ，調査結果を比較して報告書を書くという活動の流れを子供たちが見通して学習に取り組むことができるようなワークシートを作成しましょう。
○ワークシートには活動の途中で調べて分かったことや考えたことなどが書き込みができるような工夫をしましょう。メモやカード，付箋などは振り返りの際に自分の考えの変容が確認できる資料となります。

第三次　調査結果と複数の資料とを比べて分かったことや考えたことを書く

❾〜❿　調査結果と，文化庁「国語に関する世論調査」の結果，青少年教育振興機構『子どもの読書活動の実態とその影響・効果に関する調査研究報告書』とを比べ，似ているところや違うところを見付ける。
⓫　複数の資料と比べて分かったことや考えたことを報告書にまとめる。

ポイント
○調査結果の似ているところと違うところを整理しながら，自分たちの読書生活を振り返り，よりよい読書生活について考えるような展開を工夫しましょう。読書の時間，読書の量，読書の仕方，本の種類など観点を明確にして調査結果について考えさせましょう。

4 本時の授業展開（10／11時間）

STEP1

読書に関する調査資料を複数読み，自分たちの学級のアンケート結果と比べて分かったことをまとめたワークシートを見直す。

◆規模や調査主体の異なる読書生活についての調査の資料を複数読み，特に自分たちの学級の結果と似ているところ，違うところをワークシートに書いてまとめます。

STEP2

学級の調査結果と他の調査結果とを比べ，特に似ている，違うと思ったところを発表し合い，お互いの感じ方・考え方について交流し合う。

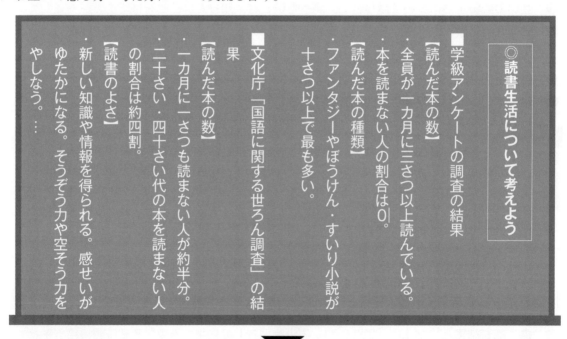

◎読書生活について考えよう

■学級アンケートの調査の結果
【読んだ本の数】
・全員が一カ月に三さつ以上読んでいる。
・本を読まない人の割合は0。
【読んだ本の種類】
・ファンタジーやぼうけん・すいり小説が十さつ以上で最も多い。

■文化庁「国語に関する世ろん調査」の結果
【読んだ本の数】
・一カ月に一さつも読まない人が約半分。
・二十さい・四十さい代の本を読まない人の割合は約四割。
【読書のよさ】
・新しい知識や情報を得られる。感せいがゆたかになる。そうぞう力や空そう力をやしなう。…

STEP3

自分たちの読書生活について報告する文章を書き，お互いに読み合う。

◆調査結果と複数の資料を読んで考えたり，考えたりしたことを基にして，読書生活を報告する文章を書き，読み合いましょう。

◆報告の文章を書くためにモデルとなる文章をいくつか示しましょう。

5 ワークシート例

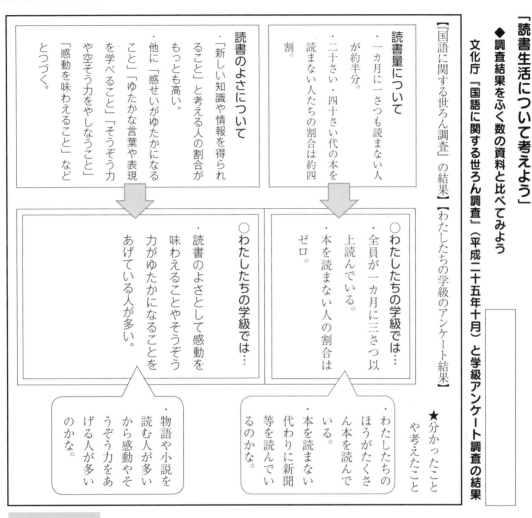

報告の文章例

　読書生活について調べた結果，わたしたちの学級ではさいていでも１カ月に３さつ以上本を読んでいて，本を全く読まない人はいませんでした。文化庁の読書に関する調査結果とくらべるとわたしたちの学級のみんなのほうが読書をしていることが分かりました。わたしたちの学級では，物語や小説を読んでいる人が多いので，本を読むよさとして「感動」や「そうぞう力」がゆたかになることなどをあげる人が多いのだと思いました。

○○とくらべると（　　　　　　　　　　　　　　　　　　　）ということが分かりました。
わたしたちの学級では，（　　　　　　　　　　　　　　）が（多い／少ない）ので，
（　　　　　　　　　　　　　　　　　　　　）と思いました。

⑪ 第5学年
活動を報告するリーフレットを編集しよう

■教材名：「伝えよう，委員会活動」（東京書籍5年）　■時間数：全8時間

> **全国学力・学習状況調査と本単元との関連**
>
> 　全国学力・学習状況調査において，目的や意図に応じて，必要な内容を書き加えたり，引用したり，複数の内容を関係付けたりしながら編集することに課題が見られる。そこで，本稿では，高学年〔B 書くこと〕「オ　表現の効果などについて確かめたり工夫したりすること」を重点的な指導事項として設定した授業構想を示す。

1 本単元の概要

　本単元では，来年度から委員会活動に加わる下級生に，自分たちの委員会活動の内容を報告するリーフレットを編集するという言語活動を設定する。目的や意図に応じ編集するために，「取材」「構成」「記述」「推敲」のそれぞれの過程に「編集会議」と称した「交流」を位置付ける。例えば，「取材」し「記述」したが，編集会議で再取材が必要だということに気が付き再度「取材」をするというように，「交流」を効果的に活用することでそれぞれの過程を行きつ戻りつしながら，表現の効果などについて確かめたり工夫したりすることができるようにする。

　本単元で取り上げた教材「伝えよう，委員会活動」は，これまでの委員会での活動を学級の友達に報告するリーフレットを作成するという活動を通し，活動報告文を書くものである。ここでは，来年度最高学年になる5年生が，新たに委員会活動に加わる下級生にこれまでの活動を報告する際に活用するリーフレットを作成するという場面を設定した。編集会議などをとおして「分かりやすく書く」とはどういうことなのかを，具体的に考えながら，活動報告文を書くことができるようにする。

2 付けたい力

○委員会活動の様子を報告するため，必要な情報を整理して，活動内容がよく分かるような活動報告文を書くことができる。　　　　　　　　　　　　　　　〔国語への興味・関心・態度〕
○読み手が委員会の活動内容をよく理解できるように，表現の効果などについて確かめたり工夫したりして書くことができる。　　　　　　　　　　　　　　　　　　〔B 書くこと　オ〕
○複数回の編集会議をとおして，目的や意図に応じた文章構成や表現になっているかどうかについて確かめ合いながら書くことができる。　　　　　　　　　　　　　〔B 書くこと　カ〕
○リーフレットに含まれる文章の特徴や構成について理解することができる。
　　　　　　　　　　　　　　　　　〔伝統的な言語文化と国語の特質に関する事項　イ(キ)〕

3 単元計画（全8時間）

第一次　報告する相手や目的，方法を検討する

❶ 第1回編集会議を開催し，㋐報告する相手と目的，㋑内容の分担と紙面の構成（リーフレットの割り付け），㋒取材の方法を確認し合う。（作成は各自）

ポイント
○割り付けの意図を考えるための資料として，参考となるリーフレットを複数用意しておきます。
○同じ委員会の友達とグループをつくり，報告内容を分担します。

第二次　目的に応じて，活動報告文を書き，推稿する。

❷ 担当する内容について取材し，活動報告文を書く。
❸ 第2回編集会議を開催し，㋓目的や意図に応じた内容の妥当性，㋔内容の重複，㋕再取材の必要性について協議する。
❹ 再度取材し，担当の文章を推敲する。
❺ 第3回編集会議を開催し，再取材して集めた情報を基に，再度㋓目的や意図に応じた内容の妥当性，更に㋖事実と考えの書き分け，㋗引用や出典の明記などに留意しているかを協議する。〔ワークシート例〕
❻ 再度文章を推敲する。
❼ 第4回編集会議を開催し，編集後記を書く。

ポイント
○ワークシートは，付けたい力が明確に埋め込まれているものを作成します。
○編集会議を複数回行うことで，交流を，取材，構成，記述，推敲，それぞれの過程に活かすようにします。
○編集後記を書く場面では，各担当部分を関係付け，委員会活動の概要を書いた上で，下級生へのメッセージをも書けるようなワークシートを工夫します。

第三次　他の委員会の友達とリーフレットを読み合い，感想を交流する

❽ 活動報告の内容が分かりやすく書けているか交流し合う。

ポイント
○前時までの㋐〜㋗のポイントに沿って交流できるようにします。

4 本時の授業展開（7／8時間）

STEP1

これまで推敲を重ねてきた文章を読み直し，委員会活動の概要と下級生へのメッセージを条件に合わせて「編集後記」として書くことを確認する。

◆あくまで一人一人が文章を書くことができるようになることを狙っているため，編集後記は各自が書くようにします。

STEP2

「編集後記」を，三つの報告文を関連付けて，条件に合わせて書く。

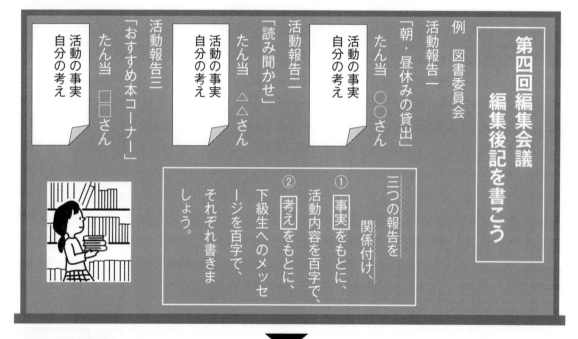

（板書：第四回編集会議 編集後記を書こう

例 図書委員会
活動報告一 「朝・昼休みの貸出」たん当 ○○さん
活動の事実／自分の考え

活動報告二 「読み聞かせ」たん当 △△さん
活動の事実／自分の考え

活動報告三 「おすすめ本コーナー」たん当 □□さん
活動の事実／自分の考え

三つの報告を関係付け，
①事実をもとに，活動内容を百字で，
②考えをもとに，下級生へのメッセージを百字で，それぞれ書きましょう。）

STEP3

新しく委員会に加わる下級生が読み活動全体をイメージできるような「編集後記」になっているか，お互いに読み合う。

◆(ア)三つの報告の関係付け，(イ)事実と考えの書き分け，(ウ)字数制限の三つの条件に合わせて書いているかについて協議するようにします。

5 ワークシート例

第三回編集会議　下級生に□□□□委員会の活動内容を報告しよう！

再取材して書き直したものを読み合い、書き加えたり、書き直したりする。その際、次の点に注意しよう。

1　「新しく加わる下級生に委員会の活動内容を報告する」文章としてふさわしい内容になっているか、もう一度話し合ってみよう。
・「くわしく書いたほうがよい内容」や「かん単に書いてもよい内容」がないかについても話し合う。

2　事実と考えが書き分けられているか見直してみよう。
・活動の事実が書かれてあるところに――、自分の考えが書かれているところに――、引用が書かれてあるところに「　」をつけながら、読み直す。

3　その他、書き直したほうがよいところがないか話し合おう。

活動報告一「　　　　　」たん当〔　　　〕
※文章のコピーをここに貼りましょう。

書き直しのポイント

活動報告二「　　　　　」たん当〔　　　〕
※文章のコピーをここに貼りましょう。

書き直しのポイント

活動報告三「　　　　　」たん当〔　　　〕
※文章のコピーをここに貼りましょう。

書き直しのポイント

⑫ 第6学年
理由や根拠を明確にして意見文を書こう

■教材名:「意見を聞き合って考えを深め,意見文を書こう」(光村図書6年)　■時間数:全11時間

全国学力・学習状況調査と本単元との関連

　全国学力・学習状況調査において,報告文の書く目的に基づいて調査する内容を項目立てて整理することや調べて分かった結果と調べた理由とを関連付けて自分の考えを書くことに課題が見られる。そこで,本稿では,高学年〔B書くこと〕「エ　引用したり,図表やグラフなどを用いたりして,自分の考えが伝わるように書くこと」を重点的な指導事項として設定した授業構想を示す。

1　本単元の概要

　本単元では,どんな未来にしていきたいかという課題意識をもち,資料を収集,整理し,理由や根拠を明確にして意見文を書く言語活動を設定する。自分の考えを裏付けるために,資料から引用することで,分かりやすく自分の考えを主張することができるようになる。また,理由や根拠からどのように考察し,自分の考えを記述していけばよいのかを,モデルを分析しながら子供自身が気付いていくことで,考察の仕方や意見文の構成が分かるようになる。

　本単元で取り上げた教材「意見を聞き合って考えを深め,意見文を書こう」には,資料「平和のとりでを築く」が掲載されていて,未来がよりよくあるためには,どうすればよいのかを考える足がかりとなる。また,考えの整理の仕方,話し合いによる考えの深め方が示してあるので,書きたいことを膨らませることができ,書く意欲を高めることができるようになっている。自分の考えを友達と交流させながら考えを深め,その考えを意見文にするために構成表を作ることによって,文章全体を見通して意見文を書くことができるようになっている。

2　付けたい力

○意見文を読み,自分の課題を解決するために資料を収集し,自分の考えをまとめることができる。
〔国語への興味・関心・態度〕
○文章の構成を工夫して,自分の意見を明確に伝える文章を書くことができる。
〔B書くこと　イ〕
○引用したり図表を用いたりして,理由や根拠をはっきりさせて自分の考えが伝わるように書くことができる。
〔B書くこと　エ〕
○自分の考えを述べる意見文の構成について理解することができる。
〔伝統的な言語文化と国語の特質に関する事項　イ(キ)〕

3 単元計画（全11時間）

第一次　学習のめあてや見通しをもつ

❶～❷　資料「平和のとりでを築く」を読み，「未来がよりよくあるために」どうすればいいのかを話し合い，「考えを深めて，意見文を書こう」という学習課題を立てる。

ポイント
○教科書の資料や前学年で書いた統計資料を用いた説明文などを想起することにより，意見文を書くという学習課題を焦点化しましょう。
○教科書を読み，書くプロセスを概観できるようにしましょう。

第二次　自分の考えを整理し，意見文を書く

❸～❹　未来に向けて大切にしたいことを考え，その考えの根拠となる資料を本やインターネットで調べる。
❺　友達と考えを比べながら聞き合って，自分の考えを深める。
❻　教科書のモデルを読んで，引用の仕方や文章構成の仕方を捉え，資料をどのように考察していけばよいのかを考える。
❼　理由や根拠をはっきりさせて，自分の考えが伝えられるよう構成表を作り，意見文の全体構想を練る。
❽～❿　意見文を書き，グループで書き方の工夫について交流する。

ポイント
○未来に向けて大切にしたいことを考える際は，「環境」「人」「社会」など考える観点を示すと子供は考えやすいでしょう。
○子供たちが単元のゴールを見通し，どのように書けばよいのか書くための観点を整理してプリントすれば効果的です。更にその観点を基に取材で得た情報を子供たちが整理できる構成表を準備すると，スムーズに記述に移行することができます。

第三次　学んだ書き方を振り返り，学習のまとめをする

⓫　書いた文章を全体で交流し，説得力をもたせるための工夫やこれまでの学び方を振り返りながら，自己評価・相互評価をする。

ポイント
○学習を振り返り，どのようなことを主張の裏付けとし，考えたことをどのように文章化しているのかを中心に評価します。評価の観点を子供と確認しましょう。

4 本時の授業展開（6／11時間）

STEP1

書く観点（モデル文に観点が書かれているシート）と自分が集めた資料を見て，資料からどんなことを主張すれば考えが伝わりやすいかを考える。

◆モデル文は，資料を基にどのように考察しているのかを分析し，どんな意図でどんな言葉を使って考察しているのかを考えることができるようにします。

STEP2

ワークシートのモデル文の組み立てと考察の仕方（ワークシート例参照）と自分が選んだ資料を基に，どのように考察し，自分の考えを記述していくのかを考える。

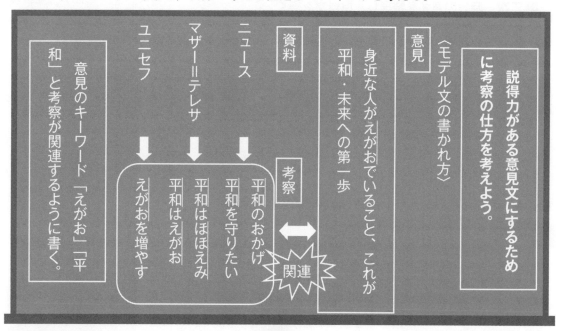

STEP3

資料に応じた考察を記入し，筋道立てて意見を主張できているかどうかを友達と確認する。

◆自分の意見に対して，資料が妥当であるか，筋が通っていて，資料が意見の裏付けになっているものであるかどうかなどを観点として，自己評価・相互評価を行うようにします。

Chapter3 本当の学力を付ける「書くこと」の授業＆言語活動プラン

5 ワークシート例

根きょがはっきりした、説得力がある意見文にするために考察の仕方を考えよう。

モデル文の組み立てと考察の仕方

組み立て

- ぼう頭部
  - ☆自分の意見
- 展開部
  - ☆根きょとなる出来事・資料 ← 考察
  - 予想される反論に対する自分の主張 ← 反論 ← 考察
- 終結部
  - ☆意見・まとめ・展望

〈意見〉
身近な人がえがおでいること、これが平和・未来への第一歩

〈資料①〉テレビの終戦記念日のニュース →〈考察①〉平和を守りたい

〈資料②〉マザー＝テレサの本を読んだ →〈考察②〉平和はほほえみ・えがおから

〈予想される反論〉人のえがおと平和とが、すぐには結び付かない人もいるだろう

〈反論に対する自分の主張〉世界中の人々がえがおを願うならば、平和につながる

〈資料③〉「ユニセフ」のホームページ →〈考察③〉えがおを増やしていく活動

〈最終の意見〉自分にできることは、人をえがおにし、自分もえがおでいること

自分の意見のキーワードである「えがお」「平和」が考察の中で，必ず使われているね。キーワードを使い，主張したいことをしぼることで，自分の意見に説得力をもたせているね。

自分の意見文の考察

〈自分の意見のキーワード〉

資料	考察	資料	考察	資料	考察

Chapter4 本当の学力を付ける「読むこと」の授業&言語活動プラン

⑬ 第1学年
わくわく動物園の赤ちゃんを紹介しよう

□説明的な文章

■教材名:「どうぶつの 赤ちゃん」ますいみつこ (光村図書1年下) ■時間数:全12時間

全国学力・学習状況調査と本単元との関連

全国学力・学習状況調査において,分かったことや疑問に思ったことを整理し,それらを関係付けながらまとめて書くことについて課題が見られる。そこで,本稿では,低学年〔C読むこと〕「エ 文章の中の大事な言葉や文を書き抜くこと」を重点的な指導事項として設定した授業構想を示す。

---

1 本単元の概要

本単元では,動物園の飼育員になって自分の選んだ動物の赤ちゃんについて幼稚園児に紹介するという言語活動を設定する。本単元で取り上げた教材「どうぶつの赤ちゃん」は,「ライオン」と「しまうま」の「生まれたときのようす」と「大きくなっていくときのようす」の2点について記述されている。それぞれの動物について「生まれたばかりのようす」や「大きくなっていくようす」の順序で違うところを比べる。そのことで,時間的な順序や事柄の順序などを考えながら内容の大体を読むことができるようになる。

そして,教科書教材だけではなく,動物の赤ちゃんが紹介されている本を読む学習も設定する。いくつかの動物の赤ちゃんについての本を重ねて読むことで,紹介するときに大事な言葉や文を書き抜くという観点から読むことができるようになる。

ここでは,幼稚園児に動物の赤ちゃんを紹介することをとおして,「大きさ」「歩くようす」等の大事な言葉や文を意識しながら読むことができる。

また,1年生の子供たちにとって親しみやすく,疑問に思うことなどが書かれている内容が取り上げられている。そのため,1年生の子供たちが親しみをもって読むことができる。

2 付けたい力

○いろいろな動物の赤ちゃんに関心をもち,進んで本を読んだり調べたりしようとしている。
〔国語への興味・関心・態度〕
○時間的な順序や事柄の順序などを考えながら内容の大体を読むことができる。
〔C読むこと イ〕
○文章の中の大事な言葉や文を書き抜くことができる。 〔C読むこと エ〕
○文の中の主語と述語との関係に注意することができる。
〔伝統的な言語文化と国語の特質に関する事項 イ(カ)〕

3 単元計画（全12時間）

> **第一次　学習のめあてや見通しをもつ**

❶　動物の赤ちゃんの挿絵や動物園の映像から赤ちゃんが生まれたばかりの様子について伝え合う。
❷　「どうぶつの赤ちゃん」を読み，幼稚園児に紹介するというめあてをもつ。

ポイント
　○動物の赤ちゃんが紹介されているシリーズの本や赤ちゃんが生まれるときの映像を用意し，赤ちゃんに対する関心を高めましょう。
　○幼稚園児に分かりやすく紹介するために，大事な言葉や文を書き抜くことを意識できるようにしましょう。

> **第二次　自分が選んだ動物の赤ちゃんについて紹介するのに必要で大事な言葉や文を書き抜く**

❸～❹　「ライオン」「しまうま」について教科書教材から内容の大体を読む。
❺～❻　「生まれたばかりのようす」「大きくなっていくようす」の特徴を捉える。
❼～❽　動物の赤ちゃんが紹介されているいくつかの本を読み，「生まれたばかりのようす」「大きくなっていくようす」を読む。
❾～❿　紹介するときに大事な言葉や文を書き抜き，ワークシートにまとめる。

ポイント
　○子供たちがどのように学習に取り組んでいくのか見通しがもてるように，教師がモデルを示しましょう。
　○ワークシート作成のポイントは，ワークシートに書いたことが紹介カードに活かされるように，「生まれたばかりのようす」「大きくなっていくようす」は青色，「赤ちゃんのじまん」はピンク色，「自分のかんじたこと」は黄色の用紙（付箋）に書くなど区別して分かりやすくしましょう。

> **第三次　自分が選んだ動物の赤ちゃんについて他の動物の赤ちゃんと比べて分かったことを紹介する**

⓫　教科書に出てくる赤ちゃんと比べて，自慢できるところや自分の思ったことを発表し合い，赤ちゃん紹介カードにまとめる。
⓬　自分の紹介カードを動物園の案内図に貼って，赤ちゃんを幼稚園児に紹介する。

ポイント
　○同じ赤ちゃんでも，自慢できるところや自分の思ったことなどは異なります。お互いに読んだことを発表し合い，紹介するのに分かりやすくなったか確認しましょう。

4　本時の授業展開（11／12時間）

STEP1

　自分が選んだ動物の赤ちゃんが紹介されている本を読み，「生まれたばかりのようす」や「大きくなっていくようす」について教科書に出てくる赤ちゃんと比べながらワークシートにまとめる。

◆「生まれたばかりのようす」「大きくなっていくようす」について比べることで，大事な言葉や文について書き抜くことができているかワークシートを見直します。

STEP2

　「生まれたばかりのようす」や「大きくなっていくようす」が書かれているワークシートを見ながら発表し合い，自慢できるところや自分の思ったことについて交流し合う。

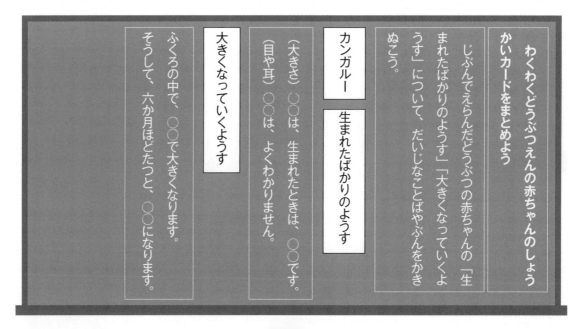

STEP3

　動物の赤ちゃんについて紹介するワークシートを参考にして，紹介カードをまとめる。自分ができるようになったことや更に知りたいことを振り返る。

◆発表する前に自分の書いたワークシートを読み返し，大事な言葉や文が書き抜いてあるかどうかを確認するようにします。発表した後に，友達の自慢や思ったことを参考にして，自分の紹介カードに活かしていけるようにします。

5 ワークシート例

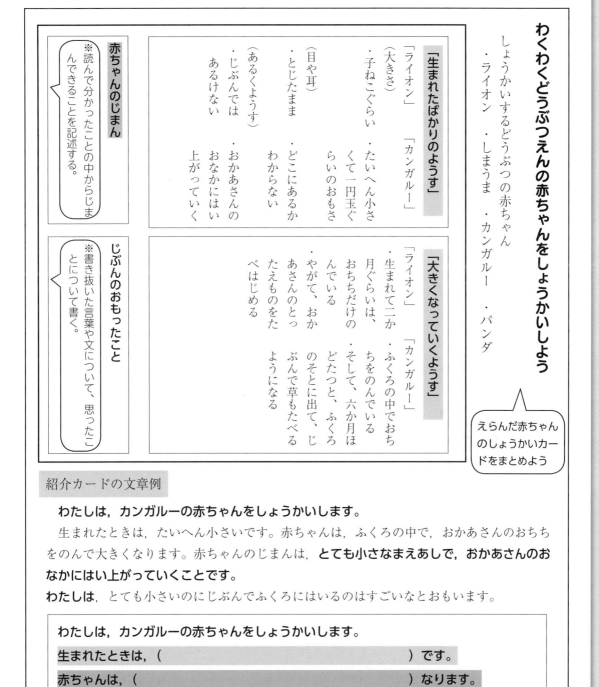

紹介カードの文章例

わたしは，カンガルーの赤ちゃんをしょうかいします。

　生まれたときは，たいへん小さいです。赤ちゃんは，ふくろの中で，おかあさんのおちちをのんで大きくなります。赤ちゃんのじまんは，とても小さなまえあしで，おかあさんのおなかにはい上がっていくことです。

わたしは，とても小さいのにじぶんでふくろにはいるのはすごいなとおもいます。

わたしは，カンガルーの赤ちゃんをしょうかいします。	
生まれたときは，（	）です。
赤ちゃんは，（	）なります。
赤ちゃんのじまんは，（	）ことです。
わたしは，（	）とおもいます。

□説明的な文章

たんぽぽ図鑑をつくろう

■教材名:「たんぽぽの　ちえ」うえむらとしお（光村図書２年上）　■時間数：全14時間

―――― 全国学力・学習状況調査と本単元との関連 ――――

　全国学力・学習状況調査において，目的に応じて，文章の内容を的確に押さえて要旨を捉えたり，事実と感想，意見などとの関係を押さえ，自分の考えを明確にしながら読んだりすることについて課題が見られる。そこで，本稿では，低学年〔Ｃ読むこと〕「イ　時間的な順序や事柄の順序などを考えながら内容の大体を読むこと」を重点的な指導事項として設定した授業構想を示す。

1 本単元の概要

　本単元では，「たんぽぽ物知り図鑑」をつくって学校図書館に展示して，図鑑を読んだ人から質問を受けて，その質問に答えるという言語活動を設定する。本単元で取り上げた教材「たんぽぽのちえ」について，順序などを考えながら読み，図鑑をつくるのにいくつかの情報から必要だと考える情報を選ぶ。そして，物知り図鑑をつくることをとおして，「たんぽぽのちえ」についてどんなときにどんな「ちえ」を働かせているのか等，初めて知ったことや不思議に思ったことを意識しながら読むことができる。

　更に，「ちえ」と「わけ」について時を表す言葉や変わっていく順序に気を付けて読むことをとおして，内容の大体を読むことができる。

　教科書教材だけではなく，たんぽぽについて説明されている本を読む学習も設定する。教科書で紹介されている「たんぽぽのちえ」以外で分かったことや思ったことを付け加えることで，自分の思いや考えをまとめることができるようになる。

　また，２年生の子供たちにとって親しみやすく，疑問に思うことなどが書かれている内容が取り上げられている。そのため，２年生の子供たちが関心をもって読むことができる。

2 付けたい力

○たんぽぽについて書かれた本に関心をもち，「たんぽぽ物知り図鑑」をつくろうとしている。

〔国語への興味・関心・態度〕

○時間的な順序や事柄の順序などを考えながら内容の大体を読むことができる。〔Ｃ読むこと　イ〕
○文章の中の大事な言葉や文を書き抜くことができる。〔Ｃ読むこと　エ〕
○文の中における主語と述語との関係に注意することができる。

〔伝統的な言語文化と国語の特質に関する事項　イ㈍〕

Chapter4 本当の学力を付ける「読むこと」の授業＆言語活動プラン

3 単元計画（全14時間）

第一次　学習のめあてや見通しをもつ

❶　たんぽぽや他の植物の写真や実物から花や葉っぱなどから気付いたことについて伝え合う。
❷　「たんぽぽのちえ」を読み，いろいろな「ちえ」について図鑑にまとめるというめあてをもつ。

ポイント
　○たんぽぽや他の植物が紹介されているシリーズの本，映像や実物を用意し，たんぽぽに対する関心を高めましょう。
　○教師が作成した挿絵や図鑑のモデルを示し，単元全体の見通しをもてるようにするとよいです。

第二次　たんぽぽのいろいろな「ちえ」について，内容の大体をまとめる

❸〜❹　「たんぽぽのちえ」について教科書教材を読んで分かったことや不思議に思ったことを出し合う。
❺〜❼　「ちえ」と「わけ」について時を表す言葉や変わっていく順序に気を付けて内容の大体を読む。
❽〜❿　たんぽぽについて説明されているいくつかの本を読み，いろいろな「ちえ」について読む。
⓫〜⓬　たんぽぽについて書かれている本を読み，ワークシートにどんなときにどんな「ちえ」を働かせているのかをまとめ，友達と紹介し合う。

ポイント
　○子供たちが単元のゴールを見通して，内容の大体が読むことができるように，挿絵を活用しながら，ワークシートを作成しましょう。
　○ワークシート作成するときに，内容の大体を読んだことをまとめやすいように工夫をしましょう。
　　子供たち一人一人が関心のある「たんぽぽ」の「ちえ」や「わけ」について不思議に思うところを書けるようなワークシートにしましょう。

第三次　図鑑をつくり，質問されたことについて答え，図鑑に付け加える

⓭　ワークシートを基に，物知りたんぽぽ図鑑をつくり，友達の図鑑に対して質問や感想を考え，なぜなぜカードに記入する。
⓮　完成した図鑑を学校図書館に置き，図鑑に対する質問や感想に対して答える。質問されたことと答えを図鑑に付け加える。

ポイント
　○図鑑は，ファイルなどに表紙を貼り，ワークシートを何枚か綴じ込んでいって完成させましょう。
　○友達の図鑑に対して質問や感想を考えることで，「ちえ」と「わけ」について意識し，内容の大体を読むことができるようにしましょう。

4　本時の授業展開（12／14時間）

STEP1

たんぽぽに書かれている本を何冊か読み，どんなときにどのような「ちえ」を働かせているのかをまとめたワークシートを見直す。

◆ワークシートに書かれている「ちえ」と「わけ」について見直すことで，自分で読んだ本の内容の大体についてまとめることができているのか気付くようにします。

▼

STEP2

自分で選んだ「たんぽぽのちえ」について友達と比べ，「ちえ」と「わけ」について発表し合い，初めて知ったことや思ったことについて交流し合う。

たんぽぽものしりずかんをつくろう

じぶんでえらんだたんぽぽの、「ちえ」と「わけ」についてまとめよう

しょうかいするたんぽぽの「ちえ」

「どんなとき」
「どんなちえ」
※教師がグッドモデルを示す。どこがグッドモデルなのか、はっきり分かるようにする。

「わけ」
　〜から
※教師がグッドモデルを示す。どこがグッドモデルなのか、はっきり分かるようにする。

はじめてしったことやふしぎにおもったこと

▼

STEP3

友達のたんぽぽの「ちえ」について，初めて知ったことや思ったことをワークシートにまとめる。自分ができるようになったことや更に知りたいことを振り返る。

◆発表する前に自分の書いたワークシートを読み返し，内容の大体が分かるように「ちえ」と「わけ」について書いてあるかどうかを確認するようにします。発表した後に，友達の「ちえ」と「わけ」などを参考にして，自分の図鑑に活かしていけるようにします。

5 ワークシート例

たんぽぽものしりずかんをつくろう

しょうかいする「たんぽぽのちえ」
・「ぐんぐんのびるたんぽぽのじく」

> たんぽぽものしりずかんをつくり，ともだちとしょうかいし合おう

「どんなちえ」
・わた毛についているたねを、ふわふわととばすこと

「どんなとき」
・花のじくが、また、おき上がる
・そうして、せのびをするようにぐんぐんのびる

「わけ」
・せいを高くするほうがわた毛に風がよくあたって、たねをとおくまでとばすことができるから

「おもったこと」
・どうしてせいを高くするときがわかるのか、ふしぎにおもった

しょうかいする
たんぽぽのえ

「ぐんぐんのびる
　たんぽぽのじく」
たんぽぽの絵や写真

ともだちとくらべてみよう
※友達が紹介した「とき」「ちえ」「わけ」について初めて知ったことや分かったことを記述する。

おもったことについて
※友達の発表した内容を聞いて、自分の思ったことについて書く。

図鑑の例

　たんぽぽは、わた毛についているたねをふわふわととばします。このころになると、それまでたおれていた花のじくが、またおき上がります。そうして、せのびをするように、ぐんぐんのびていきます。せいを高くするほうが、わた毛に風がよくあたって、たねをとおくまでとばすことができるからです。どうして、せいを高くするときがわかるのかふしぎだとおもいました。

> マス目用紙
> 20字×10行程度

15 第3学年
「ほけんだより」を読みくらべよう

□説明的な文章

■教材名：「『ほけんだより』を読みくらべよう」（東京書籍3年上）　■時間数：全8時間

―― 全国学力・学習状況調査と本単元との関連 ――
　全国学力・学習状況調査において，目的に応じて，中心となる語や文を捉えることについて課題が見られる。そこで，本稿では，中学年〔C読むこと〕「イ　目的に応じて，中心となる語や文をとらえて段落相互の関係や事実と意見との関係を考え，文章を読むこと」を重点的な指導事項として設定した授業構想を示す。

1　本単元の概要

　本単元では，二つの説明文を比べて読み，どちらか一方をお勧めし合うという言語活動を設定する。二つの文章を比べて読むことで，共通点や相違点に気付き，それぞれの文章の特徴を考えながら読むことができるようになる。また，教科書教材だけでなく，同じ様式の「便り」を複数取り上げ，比べて読むという学習も設定する。そうすることで，日常での読書生活にも活かすことができるようになる。

　本単元で取り上げた教材「『ほけんだより』を読みくらべよう」は，養護教諭が2種類の保健便りを作成したという設定である。子供たちは，筆者が伝えたいことや目的によって内容を書き換えることができることを理解することができる。また，一つ目の文章には図が描かれており，二つ目には表が使われている。子供たちは，文章と図や表とを結び付けて読むことができる。更に，字数も多くなく，3年生である読者には，読みやすい量である。

2　付けたい力

○日常生活の中の「便り」を探し，進んで読むことができる。
〔国語への興味・関心・態度〕

○筆者が伝えたいことによって，取り上げる内容を決めていることを考えながら読むことができる。
〔C読むこと　イ〕

○文章を比べて読んだり，他の文章と関連付けて読んだりすることができる。
〔C読むこと　カ〕

○文章の中の考えを表す言葉と事実を表す言葉の違いに気付くことができる。
〔伝統的な言語文化と国語の特質に関する事項　イ(オ)〕

3 単元計画（全8時間）

第一次　学習のめあてや見通しをもつ

❶ これまでに発行された給食便りや保健便りを読み，その働きを確認する。
❷ 「『ほけんだより』を読みくらべよう」を読み，単元全体のめあて「分かりやすいほけんだよりをおすすめしよう」をもつ。

ポイント
○「便り」の様式を意識できるように身近にある「○○便り」をいくつか準備しておきましょう。
○二つの文章を比べて読むことで，目的による書き手の書き方の違いに着目できるようにしましょう。

第二次　保健便りを比べて読み，それぞれの特徴をつかむ

❸ 「保健便り」を比べて読み，分かりやすい保健便りを決める。
❹～❺ 二つの保健便りの共通点や相違点を見付け，それぞれの文章の特徴を捉える。
❻ 校内の給食便りや保健便りと教材文を比べて読む。

ポイント
○二つの保健便りのどちらか一つを選択することで，分かりやすい根拠を明確にしたり，特徴を捉えたりできるようにする。
○教科書教材だけではなく，日常生活の中で目にする「○○便り」を取り上げ比べて読むことで，それぞれの文章の特徴やよさに気付けるようにしましょう。

第三次　保健便りを勧める文章を書く

❼ 分かりやすい保健便りを勧める文章を書く。
❽ 保健便りを勧める文章を発表し合い，感想を述べ合う。

ポイント
○筆者が目的や相手に応じて，文章を書き換えることができることを押さえられるようにしましょう。
○お勧めする文章を交流することで，読者によって捉え方が違うことに気付くようにしましょう。

4　本時の授業展開（4／8時間）

STEP1

二つの保健便りを比べて読む。

◆同じ題材について書かれた複数の保健便りを読み、共通点や相違点に線を引くようにします。

STEP2

二つの保健便りを比べて読み、気付いたことをワークシートにまとめ、発表し合うことで、それぞれの文章の特徴を明らかにしていく。

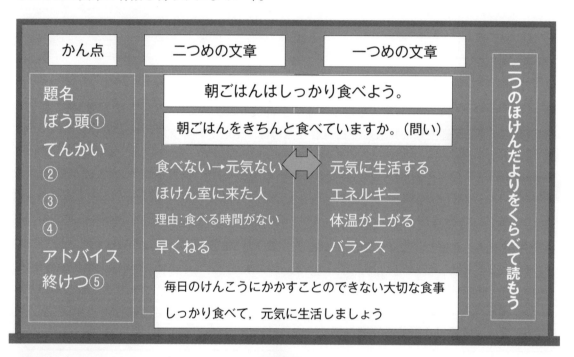

STEP3

交流し合うときに出た意見を整理し、類別する。

◆内容面、表現面の両面を基に、筆者の考えや構成、表現上の工夫、重要語句の使い方など、多くの観点を整理するようにしましょう。

◆教師は、板書を使って、四角で囲んだり、線で結び付けたりして視覚的に分かるように構造的にまとめましょう。

5 ワークシート例

二つのほけんだよりをくらべて読もう

3年　組　名前【　　　】　学習した日【　月　日　曜日】

①二つの文章を読んで，線ややじるしをつけよう

- □ 同じところ　：青線　○と○だんらく
- □ ちがうところ：赤線　○〜○だんらく

②くらべて読んで，気づいたことを表に整理しよう

かん点	二つめの文章	一つめの文章
題名	朝ごはんをしっかり食べよう。	
ぼう頭　①	朝ごはんをきちんと食べていますか。(問いかけ)	
てんかい ② ③	食べない→元気なくなる 　　　　→だるさ感じる	朝ごはん→エネルギー 　　体を動かす・べんきょう
④		
(アドバイス)	早くねること	
終けつ　⑤	朝ごはんはけんこうのためにかかせない大切な食事。 しっかり食べて，元気に生活しよう。	
文章以外	表	図
【　　】		

③くらべて読んで，気づいたことをまとめよう

くらべて読んでみると，（　　　　　　　），（　　　　　　　），
（　　　　　　　）ということに気づいた。
一つ目の文章は，（　　　　　　　　　　），二つ目の文章は，
（　　　　　　　　　　）という特ちょうがある。

16 第4学年
写真を使って説明しよう

□説明的な文章

■教材名:「アップとルーズで伝える」 中谷日出（光村図書4年下） ■時間数:全15時間

全国学力・学習状況調査と本単元との関連

全国学力・学習状況調査において、事実と意見との関係を捉えながら読むことについて課題が見られる。そこで、本稿では、中学年〔C読むこと〕「イ　目的に応じて、中心となる語や文をとらえて段落相互の関係や事実と意見との関係を考え、文章を読むこと」を重点的な指導事項として設定した授業構想を示す。

1 本単元の概要

本単元では、説明文の段落相互の関係を考えながら読み、その学習を活かして写真を使って説明するという言語活動を設定する。前後の段落を比べて読むことで、各段落の内容がより明確にしながら読むことができるようになる。また、説明文を読むことに関連付けて、段落相互の関係に注意しながら説明文を書く学習も設定する。読むことと書くことを関連付けて学習することで、読みの理解がより深まるようになる。

本単元で取り上げた教材「アップとルーズで伝える」は、送り手が目的に応じてアップやルーズを使い分けて受け手に伝えることの大切さを説明している。写真も適宜に使われているため、子供たちは文章と対照しながら読むことができる。また、アップとルーズを対比的に説明しているため、子供たちは各段落を比べながら読むことができる。

「『クラブ活動リーフレット』を作ろう」は、「アップとルーズで伝える」を学習した4年生の子供たちが、今後は筆者になって説明文が書けるように過程が分かりやすく作られている。一輪車クラブを対象として一人でできる技と仲間と協力してできる技を説明している。

2 付けたい力

○リーフレットをまとめるために、写真が使われている絵本や図鑑を読むことができる。
〔国語にへの興味・関心・態度〕

○筆者の対比的に説明する展開や段落相互の関係を考えながら読むことができる。
〔C読むこと　イ〕

○自分で選んだアップとルーズの写真を基に、段落相互の関係に気を付けて説明文を書くことができる。
〔B書くこと　イ〕

○説明文を読むときや書くときに使う語句には類別があることを理解することができる。
〔伝統的な言語文化と国語の特質に関する事項　イ(オ)〕

3 単元計画（全15時間）

第一次　学習のめあてや見通しをもつ

❶　アップやルーズの写真当てクイズをした後，その写真の中から2枚を選択して，短い説明文を書いてみる。

❷　「写真を使って自分のクラブ活動を説明する」という単元全体のめあてをもつ。

ポイント
○校内や教室にある身近なもののアップとルーズの写真を準備しておくとよいでしょう。
○単元全体のめあてに応じて学習計画を立てましょう。

第二次　段落相互の関係に気を付けて説明文を読む

❸〜❹　アップとルーズの写真と文章を結び付けて対照しながら読む。

❺〜❻　対比的に説明している文章を切り取って並べ替え，段落相互の関係を考えながら，説明文の全体構造を捉える。

❼〜❽　写真を使って対比的に説明している文章と比べて読む。

ポイント
○子供たちが説明文を読むことが書くことに繋がるようなワークシートを作成しましょう。
○ワークシート作成に当たっては，教材文の全体構造がつかめるように，段落相互の関係が視覚的に分かるように構造的にすることがポイントです。

第三次　「アップとルーズで伝える」の学習を活かして，写真を使って説明文を書く

❾〜⓫　「『クラブ活動リーフレット』を作ろう」を読んでリーフレットの作り方を学び，取材を行う。（インタビュー・写真撮影）

⓬〜⓮　2枚の写真を選択してクラブ活動を説明する文章を下書きし，清書する。

⓯　完成したリーフレットを読み合い，単元全体でできるようになった説明文を読む力と書く力を整理する。

ポイント
○インタビューや写真撮影をするなどして，取材活動が楽しくできるようにしましょう。
○リーフレットを作成する際には，来年度クラブ活動が始まる3年生を対象に作るなど，目的や相手意識をもてるようにしましょう。また，地域や学校の状況に合わせて工夫しましょう。

4　本時の授業展開（1／15時間）

STEP1

アップとルーズの2枚の写真を見て，何なのかを当てるゲームをする。その際，なぜそう思ったのか根拠まで発表する。

◆アップとルーズの2枚の写真を比べることで，説明する目的によって，使う写真が違ってくることを捉えられるようにします。

STEP2

2枚の写真を選択し，写真を使って短い文章で説明する。書いた説明文をグループで交流し，どんな観点で書いているのか調べる。

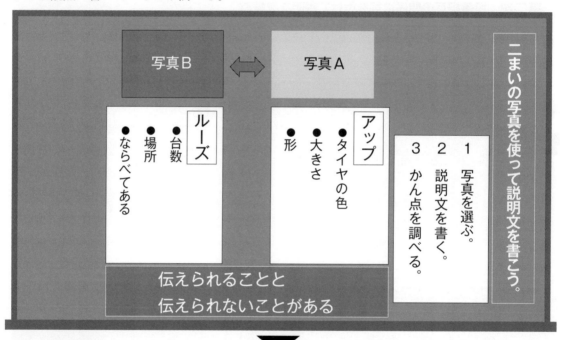

STEP3

写真を使って説明する文章をお互いに読み合う。各グループごとに使われた観点を発表し，整理し，分かりやすい説明文の条件を考える。

◆教師は，板書を使って観点ごとに類別し，整理して視覚的にも分かりやすいようにしましょう。カードに書いた観点を子供たちが操作するのもよいでしょう。

5 ワークシート例

□説明的な文章

第5学年
新聞を効果的に読もう

■教材名:「新聞を読もう」(教育出版5年上) ■時間数:全7時間

---- 全国学力・学習状況調査と本単元との関連 ----

全国学力・学習状況調査において,目的に応じて,新聞や雑誌の記事を効果的に読むことについて課題が見られる。そこで,本稿では,高学年〔C読むこと〕「イ　目的に応じて,本や文章を比べて読むなど効果的な読み方を工夫すること」を重点的な指導事項として設定した授業構想を示す。

1 本単元の概要

本単元では,目的に応じて新聞を効果的に読むという言語活動を設定する。まず,新聞の構成や記事の書き方に注意して複数の新聞を読み比べることで,新聞の特徴(構成や記事の書かれ方に工夫があり編集の意図が表れていることなど)を理解できるようにする。その上で,目的に応じた新聞の読み方の工夫を考え,実際に新聞を読んで,感想を交流する活動を設定する。この言語活動をとおして,目的に応じて新聞を効果的に読む力を身に付ける。

本単元で取り上げた教材「新聞を読もう」は,実際の新聞記事を題材にし,新聞の構成や記事の書かれ方を比べて読むことができる内容となっている。新聞の特徴(構成や記事の書かれ方の違い・編集の意図)を理解するのに適した教材である。教材を活用して新聞の特徴をしっかりと理解した上で効果的な読み方を考え,各自が収集した新聞記事を読んで感想を交流する活動に繋げていく。教科書教材の他に,新聞の読み方に関する本を用意したり,子供が手に取りやすいように新聞や雑誌を用意したりしておくことも考えられる。

2 付けたい力

○進んで新聞を読んだり読んだ感想を交流したりしようとすることができる。

〔国語への興味・関心・態度〕

○目的に応じて,新聞の効果的な読み方を工夫することができる。

〔C読むこと　イ〕

○目的に応じて,文章の内容を的確に押さえて要旨を捉えたり,事実と感想,意見などとの関係を押さえ,自分の考えを明確にしながら読んだりすることができる。

〔C読むこと　ウ〕

○文や文章にはいろいろな構成があることについて理解することができる。

〔伝統的な言語文化と国語の特質に関する事項　イ(キ)〕

Chapter4 本当の学力を付ける「読むこと」の授業&言語活動プラン

3 単元計画（全7時間）

第一次　学習のめあてや見通しをもつ

❶ 新聞を読んだ経験（何のために読むか，どんな読み方をしているか）や新聞について知っていることを話し合う。

❷ 学習課題「新聞の特徴をとらえて，目的に応じた読み方を工夫して新聞を読み，考えを交流しよう」を設定し，学習計画を立てる。

ポイント
　○必要に応じて，子供が興味をもちそうな時事的な内容を扱った新聞記事や読みやすい小学生向けの記事を用意して，導入を図るとよいでしょう。

第二次　新聞の特徴を捉え，目的に応じた読み方の工夫を考える

❸ 持ち寄った新聞や教科書教材を比べて，新聞の特徴（内容・記事の種類・構成など）を分析する。

❹ 教科書教材（同じ出来事を扱った二つの記事）を読み比べ，編集の意図を考える。〔板書例〕

❺ 様々な目的を想定して，どのような「読み方の工夫」があるか話し合い，まとめる。

〔❹〜❺　ワークシート例〕

ポイント
　○同じ出来事を扱った二つの記事を読み比べる際には，見出しや写真，引用している内容などに着目するように指導するとよいでしょう。
　○目的に応じた効果的な読み方を工夫できるようになるためには，どのような読み方があるか，具体的な目的を想定して「読み方の工夫」としてまとめておく必要があります。まとめた「読み方の工夫」は拡大掲示したり，ファイルに綴じたりできるようにするとよいでしょう。

第三次　新聞を読み，考えを交流する

❻ 「読み方の工夫」を活用して，興味のある新聞記事を読み，自分の考えをもつ。

❼ 新聞記事を読んで考えたこと，自分がどのような読み方の工夫をし，どのような効果があったかを交流し，単元の振り返りを行う。

ポイント
　○交流する際には，単なる感想だけでなく，自分がどのような読み方の工夫をし，どのような効果があったかを明確にするように指導しましょう。

4　本時の授業展開（4／7時間）

STEP1

同じ出来事を扱った新聞記事を読み比べ，共通点や相違点を自分で考える。

◆教科書教材を活用し，同じ出来事を扱った二つの記事を読み比べ，見出しや写真，引用の仕方などに着目して，共通点や相違点を考えられるようにします。

STEP2

同じ出来事を扱った新聞記事を読み比べ，気付いたことをグループや全体で話し合う。

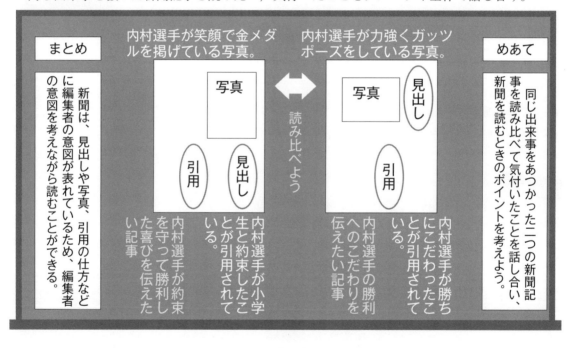

STEP3

新聞の構成や書かれ方には，編集者の意図が表れていることをまとめる。

◆同じ出来事を扱った新聞記事でも見出しや写真，引用の仕方などに違いがあり，そこに編集者の意図が表れていることをまとめ，「編集者の意図を考える」ことが効果的な読み方に繋がることを指導します。

Chapter4 本当の学力を付ける「読むこと」の授業＆言語活動プラン

5 ワークシート例

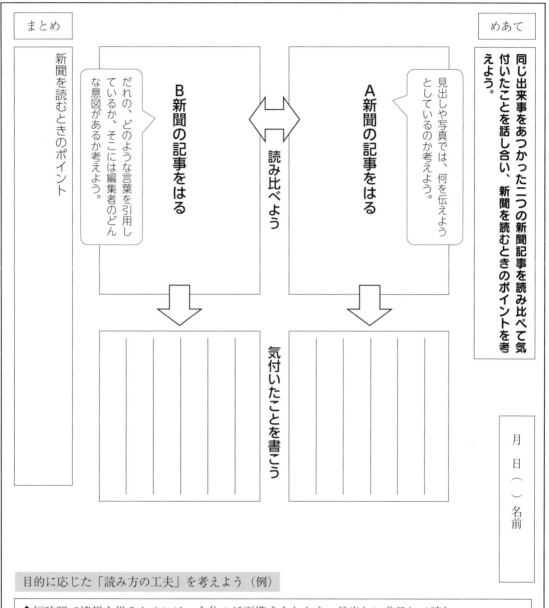

目的に応じた「読み方の工夫」を考えよう（例）

◆短時間で情報を得るためには，全体の紙面構成をとらえ，見出しに着目して読む。
◆編集者の意図を知るために，見出しの付け方や写真，引用している内容に着目して読む。
◆多面的な情報を得るために，同じ出来事をあつかった複数の新聞記事を比べたり，関連付けたりしながら読む。
◆自分が新聞を書くときに活用するために，編集者のものの見方や考え方が分かるところを見付け，編集の工夫を考えながら読む。

18 第6学年 科学読み物を効果的に読もう

□説明的な文章

■教材名:「イースター島にはなぜ森林がないのか」(東京書籍6年)　■時間数:全8時間

> **全国学力・学習状況調査と本単元との関連**
>
> 全国学力・学習状況調査において,目的に応じて,必要となる情報を取り出して,それらを関係付けて読むことについて課題が見られる。そこで,本稿では,高学年〔C読むこと〕「ウ　目的に応じて,文章の内容を的確に押さえて要旨をとらえたり,事実と感想,意見などとの関係を押さえ,自分の考えを明確にしながら読んだりすること」を重点的な指導事項として設定した授業構想を示す。

1 本単元の概要

　本単元では,自分の課題を解決するために,意見を述べた文章や解説の文章などを利用するという言語活動を設定する。意見を述べた文章や解説の文章として,子供の多様な興味に応えることができる科学読み物を取り上げる。自分の課題を解決するために科学読み物を読み,分かったことや更に疑問に思ったことを,条件に応じてまとまった文章に書くようにする。そのためには,必要となる情報を取り出して,それらを関係付けて読む力が必要となり,効果的に読む力が身に付くと考えられる。

　本単元で取り上げた教材「イースター島にはなぜ森林がないのか」は,イースター島の森林が失われた原因について,情報が複数示されている。それらの情報を関連付けて読む力が求められる。よって,必要となる情報を取り出して関連付けて読む効果的な読み方を付けるのに適した教材であると言える。この教材を活用して,複数の情報を関連付ける方法を理解した上で,各自が選んだ科学読み物を読んでいく活動に繋げていく。教科書教材の他に,子供の興味を引く科学読み物を教師も用意しておく。

2 付けたい力

〇自分の課題を解決するために,科学に関する本や文章を効果的に読もうとすることができる。
〔国語への興味・関心・態度〕

〇目的に応じて,文章の内容を的確に押さえて要旨を捉えたり,事実と感想,意見などとの関係を押さえ,自分の考えを明確にしながら読んだりすることができる。　〔C読むこと　ウ〕

〇文章の中での語句と語句との関係を理解することができる。
〔伝統的な言語文化と国語の特質に関する事項　イ(オ)〕

3 単元計画（全8時間）

> **第一次　学習のめあてや見通しをもつ**

❶　科学読み物を読んだ経験（何のために読むか，どんな読み方をしているか）を話し合い，効果的な読み方を身に付けるという学習のめあてをもつ。

❷　学習課題「科学読み物を読み，分かったことや疑問に思ったことをまとめて書き，交流しよう」を設定し，学習計画を立て，並行読書を始める。

ポイント
○必要に応じて，子供が興味をもちそうな科学読み物を用意して，興味を喚起したり自分が解決したい課題をもたせたりして導入を図るとよいでしょう。

> **第二次　教科書教材を読み，効果的な読み方の工夫を考える**

❸　「イースター島にはなぜ森林がないのかという疑問を解決する」という視点で教科書教材を読み，解決に必要な情報を取り出す。

❹　取り出した情報をまとめる活動をとおして，効果的な読み方について考える。
〔板書例〕〔ワークシート例〕

❺　必要となる情報を取り出して，一文を二文に分けたり，二文を一文にしたりするなど，情報を関連付ける方法をまとめる。

ポイント
○モデル学習としては，「イースター島の森林が失われた原因」について書かれた複数の情報を取り出し，一文を二文に分けたり，二文を一文にしたりしてまとめる活動をするとよいでしょう。「例えば」を使って，文と文の関係を整える活動も考えられます。

> **第三次　自分の課題を解決するために，科学読み物を読み，考えを交流する**

❻〜❼　自分の課題を解決するために，選んだ科学読み物を読み，必要となる情報を取り出し，関連付けて200字程度にまとめる。

❽　科学読み物を読んで分かったことや更に疑問に思ったことを交流し，単元の振り返りを行う。

ポイント
○子供一人一人が課題をもてるようにし，子供が主体的に必要な情報を収集し整理する中で，自分の考えの広がりや深まりが実感できるように指導します。

4 本時の授業展開（4／8時間）

STEP1

「イースター島にはなぜ森林がないのかという疑問を解決する」という視点で教科書教材を読み，解決に必要な情報を取り出す。

◆取り出した情報（「イースター島から森林が失われた原因」について記述されている部分）を短冊に書き出し，関連付けていくことができるようにします。

STEP2

取り出した情報をまとめる方法を話し合う。

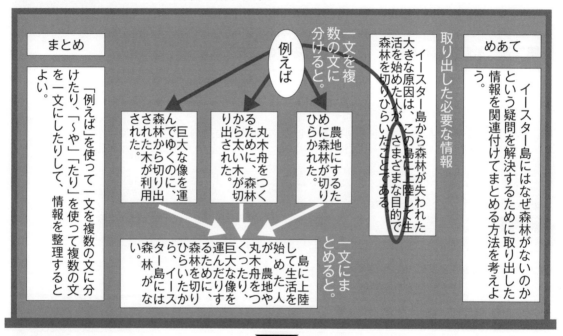

STEP3

取り出した情報を関連付けてまとめる方法として，「例えば」を使って一文を複数の文に分けたり，「〜や」を使って複数の文を一文にしたりする方法があることをまとめる。

◆「例えば」を使って一文を複数の文に分けたり，「〜や」を使って複数の文を一文にしたりする方法を，自分の課題を解決するために選んだ科学読み物を読む際に活用するように促します。

Chapter4 本当の学力を付ける「読むこと」の授業&言語活動プラン

5 ワークシート例

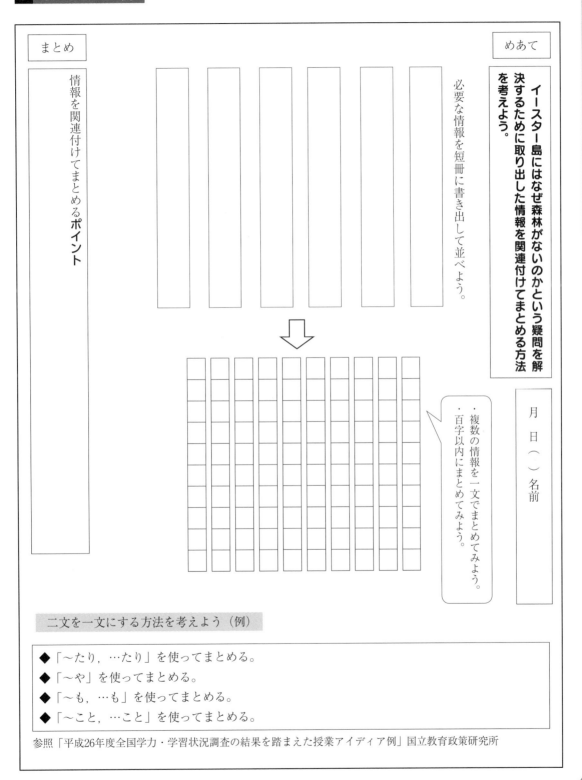

⑲ 第1学年
昔話を読んでお話をつくろう

□文学的な文章

■教材名:「おはなしをつくろう」(東京書籍1年下) ■時間数:全15時間

全国学力・学習状況調査と本単元との関連

　全国学力・学習状況調査において,物語を創作することに課題が見られる。そこで,本稿では,低学年〔C読むこと〕「ウ　場面の様子について,登場人物の行動を中心に想像を広げながら読むこと」と低学年〔B書くこと〕「イ　自分の考えが明確になるように,事柄の順序に沿って簡単な構成を考えること」を重点的な指導事項として設定した授業構想を示す。

1 本単元の概要

　本単元では,昔話を基にして物語をつくるという言語活動を設定する。構成(「状況設定─発端─事件展開─山場─結末」)や表現の効果(擬音語・擬態語などの言葉のリズム)など,昔話を読む際,捉えたことを活かして,物語を創作できるようにする。また,教科書の挿絵で紹介された昔話を複数,読み聞かせしたり並行読書させたりする。複数の昔話に触れることで,人の生き方や自然などについての古代からの人々のものの見方や考え方を知ることができる。
　本単元で取り上げた「花さかじいさん」と「ももたろう」は,昔話を代表する話である。「花さかじいさん」は,心優しいおじいさんおばあさんと欲深い隣の家のおじいさんおばあさんが,不思議な力を持った犬をきっかけに前者は幸福に,後者は不幸になるという話である。「ももたろう」では,桃から生まれた桃太郎が,おばあさんに作ってもらったきびだんごを持って,犬・猿・雉を従えて鬼ヶ島に行き,鬼を退治する話である。どちらの話も構成や表現の効果を捉えやすく,書き換えに適している。

2 付けたい力

○物語作りに興味をもち,昔話を想像豊かに書き換えようとしている。

〔国語への興味・関心・態度〕

○場面の様子を登場人物の行動から想像を広げて読むことができる。

〔C読むこと　ウ〕

○昔話を基に,想像を膨らませながら,事柄の順序に沿って話の筋を考えている。

〔B書くこと　イ〕

○主語と述語の関係に気を付けて,誰がどんなことをするのかを書いている。

〔伝統的な言語文化と国語の特質に関する事項　イ(カ)〕

Chapter4 本当の学力を付ける「読むこと」の授業＆言語活動プラン

3 単元計画（全15時間）

第一次　学習のめあてや見通しをもつ

❶　教科書の挿絵を基に，知っている昔話について発表し合う。
❷　昔話を読んだことを基に，人物と出来事を考えて，物語を作るというめあてをもつ。

ポイント
○昔話絵本を多数用意し，いつでも手に取って読める環境をつくり，子供たちの興味を高めましょう。

第二次　昔話の構成や表現の特徴を捉え，簡単な成長物語を作る

❸〜❺　「花さかじいさん」を読み，昔話の構成や表現の特徴を捉える。
❻〜❼　昔話を複数冊読み聞かせし，型に分けたり，昔話の特徴を確かめたりする。
❽〜❾　「ももたろう」と「力太郎」「金太郎」を比べて読み，成長物語の構成を捉える。
❿　モデルを参考に，中心となる人物を考え，その人物がどんな活躍をするのか想像し，構成メモに書く。
⓫〜⓬　構成メモを基に，物語を書く。
⓭　書いた物語をいくつかの観点で推敲し，書き直す。

ポイント
○昔話を読んで学習したことが，昔話を書くときに活かすことができるよう工夫し，ワークシートを作成しましょう。
○子供の実態に合ったモデルを準備し，物語を書く抵抗をなくしましょう。
○間違いに気付き，推敲できるようなチェックシートを準備しましょう。

第三次　できあがった物語を読み合い，物語のよさを見付けて伝え合う

⓮　できあがった物語を読み合い，感想を伝え合う。
⓯　どんなことができるようになったか振り返る。

ポイント
○できあがった昔話を交流しながら，互いの物語のよさを伝え合うことができるようにしましょう。
○物語を書く楽しさを振り返ることができるようにしましょう。

4　本時の授業展開（10／15時間）

STEP1

昔話を複数冊読んでまとめた昔話の特徴（構成の特徴）をワークシートで確認する。

◆物語の構成と大きな違いがある「①はじまり」と「⑤おわり」をしっかり確認し，昔話の構成のポイントを振り返るようにします。

STEP2

昔話のポイントと「ももたろう」の話を参考にして，「ももたろう」のあらすじについて話し合う。

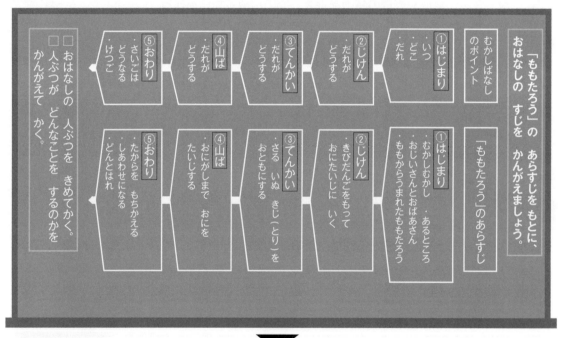

STEP3

「ももたろう」のあらすじを参考にして，主人公を考え，その人物がどんな活躍をするか想像し，メモに書く。

◆構成メモのモデルを２パターン示し，考える助けとなるようにしましょう。
◆構成メモができたら，メモを読み合いましょう。

5 ワークシート例

※「むかしばなしのポイント」や「『ももたろう』のあらすじ」をもとに，おはなしのすじをかんがえましょう。

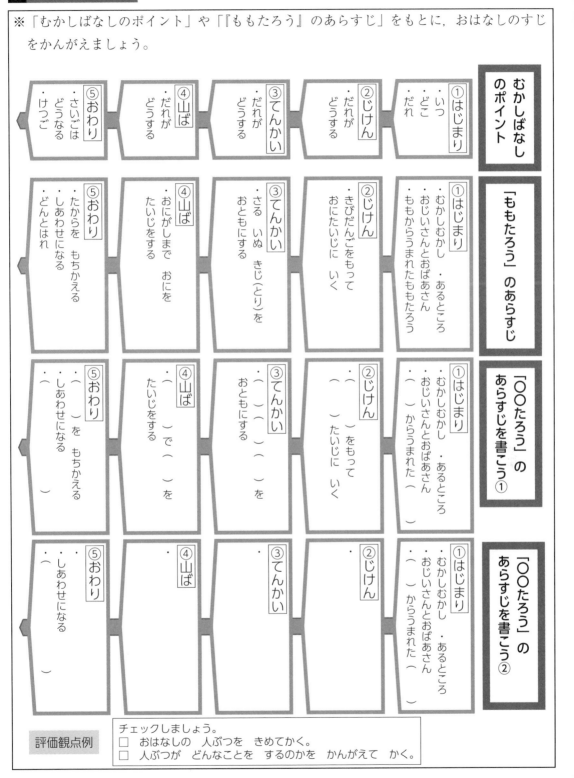

評価観点例

チェックしましょう。
□ おはなしの 人ぶつを きめてかく。
□ 人ぶつが どんなことを するのかを かんがえて かく。

⑳ 第2学年　　　　　　　　　　　　　　　　　　　　　　　□文学的な文章
シリーズの中の登場人物を紹介しよう

■教材名：「わたしはおねえさん」いしいむつみ（光村図書2年下）　■時間数：全11時間

―― 全国学力・学習状況調査と本単元との関連 ――
　全国学力・学習状況調査において，物語における登場人物の性格や気持ちの変化，相互関係について課題が見られる。そこで，本稿では，低学年〔C読むこと〕「ウ　場面の様子について，登場人物の行動を中心に想像を広げながら読むこと」を重点的な指導事項として設定した授業構想を示す。

1 本単元の概要

　本単元では，シリーズの中の登場人物について自分と比べながら紹介するという言語活動を設定する。登場人物について自分と似ているところや違うところを比べることで，登場人物の特徴や性格について自分と重ねて読むことができるようになる。また，教科書教材だけでなく，同じ主人公が登場する物語を複数重ねて読むという学習も設定する。複数の物語を重ねて読むことで，人物像を様々な観点から読むことができるようになる。

　本単元で取り上げた教材「わたしはおねえさん」は，すみれちゃんという2年生の女の子が主人公である。ここでは，妹とのやりとりをとおして主人公が考えたことや感じたことが描かれている。語り手が第三者の立場から主人公の行動や気持ちを語っているため，子供たちは物語を読みながら主人公の様子を作者の視点に立って読むことができる。また，物語の中で描かれている主人公の様子は，同じ2年生の子供たちにとって実際に自分も体験したことがあることや想像できる内容が取り上げられている。そのため，2年生の子供たちが共感しながら読むことができる。

2 付けたい力

○登場人物の人物像について明らかにするため，進んで物語を読むことができる。
〔国語への興味・関心・態度〕
○場面の様子を登場人物の行動から想像を広げて読むことができる。
〔C読むこと　ウ〕
○登場人物について紹介するために複数の本を読むことができる。
〔C読むこと　カ〕
○文の中の主語と述語との関係に注意することができる。
〔伝統的な言語文化と国語の特質に関する事項　イ(カ)〕

3 単元計画（全11時間）

第一次　学習のめあてや見通しをもつ

❶ 教材の挿絵や本の表紙からどんな登場人物なのかを想像し伝え合う。
❷ 物語を読み登場人物について紹介し合うというめあてをもつ。

ポイント
○すみれちゃんが主人公のシリーズ物語を用意し，子供たちの本に対する興味を高めましょう。（「すみれちゃん」「すみれちゃんは１年生」）
○挿絵や本の表紙を活用し，登場人物に興味をもつように工夫しましょう。

第二次　登場人物についてシリーズの物語から人柄を読む

❸〜❹ 登場人物について教科書教材から読んで分かることやしたことを読む。
❺〜❻ 登場人物のしたこと（行動）から，登場人物の特徴を捉える。
　　　　　　　　　　　　　　　　　　　　❸〜❻まで〔ワークシート例１〕
❼〜❽ 同じ主人公が登場する複数の物語を読み，分かることやしたことを読む。
❾ 登場人物の人柄について，複数の物語から分かったことを基にまとめる。
❿ 登場人物と自分を比べ，似ているところや違うところを見付ける。

ポイント
○子供たちが単元のゴールを見通して学習に取り組むことができるようなワークシートを作成しましょう。
○ワークシート作成のポイントは，付けたい力を単元のどの学習において養うことができるかを明確にすることです。単元計画作成とともに，１時間ごとのワークシートにするのか，全体構造を見通すことのできるワークシートにするのか，子供の実態に合わせて作成しましょう。

第三次　登場人物について自分と比べて分かったことを紹介する

⓫ 自分と比べて特に似ているところや違うところを発表し合い，登場人物について紹介文にまとめる。　　　　　　　　　　　　　　　　　　〔ワークシート例２〕

ポイント
○同じ文章を読んでいても，人によって感じ方や考え方は異なるものです。お互いの読みを交流しながらいろいろな読みの観点があることに気付くようにしましょう。

4 本時の授業展開（11／11時間）

STEP1

同じ登場人物が活躍する物語を複数読み，自分と比べて分かったことをまとめたワークシートを見直す。

◆同じ登場人物について書かれた複数の物語を読み，特に自分と似ているところ，違うところを，ワークシート１に書いた内容から選ぶようにします。

STEP2

登場人物と自分を比べ，特に自分と似ている，違うと思ったところを発表し合い，お互いの感じ方・考え方について交流し合う。

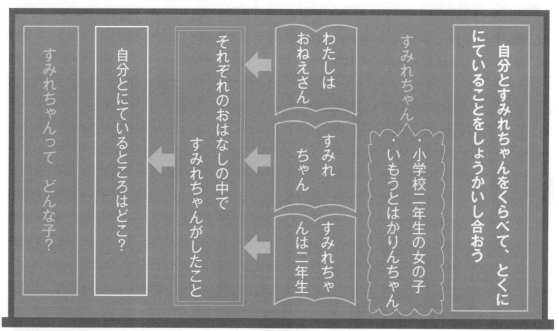

STEP3

登場人物について紹介する文章を書き，お互いに読み合う。　　　　〔ワークシート例２〕

◆登場人物について考えたり感じたりしたことや，交流した登場人物について分かったことを基にして，登場人物について紹介する文章を書き紹介し合いましょう。

◆紹介の文章を書くために，お手本となる文章の形式を示しましょう。

Chapter4 本当の学力を付ける「読むこと」の授業&言語活動プラン

5 ワークシート例

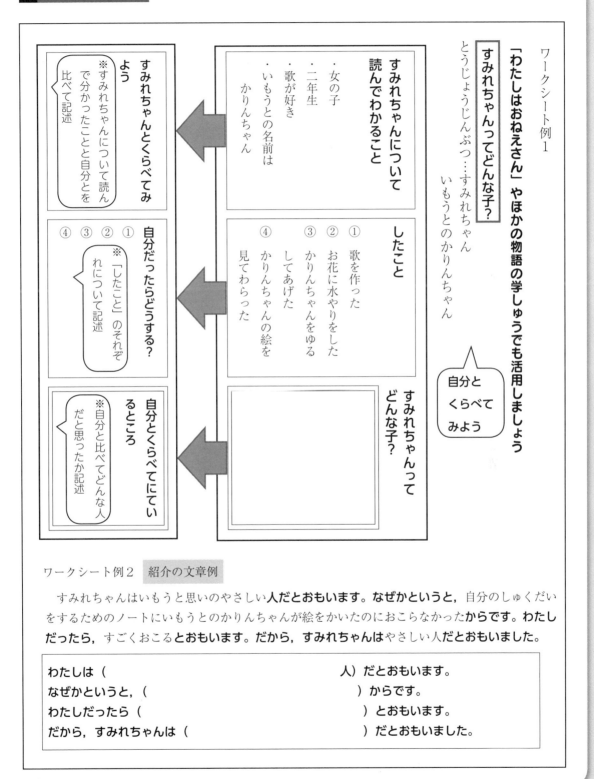

ワークシート例2　紹介の文章例

　すみれちゃんはいもうと思いのやさしい**人だとおもいます。なぜかというと**，自分のしゅくだいをするためのノートにいもうとのかりんちゃんが絵をかいたのにおこらなかった**からです。わたしだったら**，すごくおこるとおもいます。**だから，すみれちゃんは**やさしい人だとおもいました。

```
わたしは（　　　　　　　　　　　　　　　人）だとおもいます。
なぜかというと，（　　　　　　　　　　　　　）からです。
わたしだったら（　　　　　　　　　　　　　　）とおもいます。
だから，すみれちゃんは（　　　　　　　　　　　）だとおもいました。
```

21 第3学年

□文学的な文章

ブックトークでおにの登場する本を紹介しよう

■教材名:「おにたのぼうし」あまんきみこ（教育出版3年下）　■時間数：全11時間

全国学力・学習状況調査と本単元との関連

　全国学力・学習状況調査において，読むことにおける物語の登場人物の人物像や相互関係を捉えることについて課題が見られる。そこで，本稿では，中学年〔C読むこと〕「ウ　場面の移り変わりに注意しながら，登場人物の性格や気持ちの変化，情景などについて，叙述を基に想像して読むこと」を重点的な指導事項として設定した授業構想を示す。

1　本単元の概要

　本単元では，物語の登場人物の性格や気持ちの変化を場面の移り変わりと関係付けて読み，ブックトークをとおして友達に紹介するという言語活動を設定する。その際，物語の構成要素に着目し，A人物設定・状況設定，B発端・事件展開，C山場・結末のあらすじを捉えてまとめ，それを基に，ブックトークメモを作り紹介する。ブックトークを行う学習をとおして，目的に応じた選書の能力を高めるとともに，観点や条件に即して読む能力を高めることができる。

　本教材「おにたのぼうし」の主人公「おにた」は，気のよい優しいおにである。おにたは，「人間っておかしいな。おには悪いって，決めているんだから。おににも，いろいろあるのにな。」と人間に嫌われていることに悲しむ。しかし，女の子に出会い「人間にもいろいろある」と人間に対する見方を変える。おにたの言葉から「おにいろいろ」をテーマにし，おにの登場する物語を複数読み，おにに対する自分の考えをもちブックトークを行う。また，お互いに聞き合うことで友達と自分の見方，考え方を比べて新たな考え方をもつこともできる。

2　付けたい力

○おにの登場する物語を読み，紹介したい本について説明するために，本を繰り返し読むなどして改めて味わったり，新たな面白さに気付いたりしながら読むことができる。
　　　　　　　　　　　　　　　　　　　　　　　　　　　〔国語への興味・関心・態度〕
○場面の移り変わりに注意しながら，登場人物の性格や気持ちの変化，情景などについて，叙述を基に想像して読むことができる。　　　　　　　　　　　　〔C読むこと　ウ〕
○紹介するために複数の本を読むことができる。　　　　　　　　　　〔C読むこと　カ〕
○表現したり理解したりするために必要な語句を増やし，また語句には性質や役割の上で類別があることを理解することができる。　〔伝統的な言語文化と国語の特質に関する事項　イ(カ)〕

3 単元計画（全11時間）

第一次　学習の見通しをもつ

❶ 教師によるブックトークを聞き，どんな登場人物が出てきたか話し合う。
　　ブックトークの仕方を学び，学習課題を設定し学習計画を立てる。
❷ 全国学力・学習状況調査問題「H22B②―（1）」を活用して，あらすじのまとめ方を確認する。

ポイント
○教師自身がブックトークを行い，学習意欲を喚起できるようにする。
○「おに」が登場する物語コーナーを設置し，子供の「おに」に対する興味関心を高めるとともに，作品が自由に読めるようにする。（並行読書・必読書の確認）

第二次　登場人物の性格や気持ちの変化，関係に着目しながら読み，場面の移り変わりを捉える

❸～❹ 登場人物の行動や会話から，主人公の人柄や気持ちの変化を捉える。
❺～❻ 物語の構成要素に着目してあらすじをまとめる。
　　Aはじめ（人物設定・状況設定）　　B中（発端・事件展開）　　Cおわり（山場・結末）
❼ 「おにたのぼうし」を読んでみたくなるような，紹介の仕方を考える。

ポイント
○ブックトークを行うために教材を読む。第二次で習得した力を第三次で活用できるように，ワークシートを作成する。
○主人公の人柄や気持ちの変化は，叙述を根拠として話し合う。
○あらすじは，200字以内でまとめる。

第三次　「おにいろいろ」ブックトークをしよう

❽～❾ テーマに合わせて，本を2冊選び，人物像やあらすじをまとめる。（ブックトークは3冊紹介する。1冊は，「おにたのぼうし」を入れる）
❿ 発表を工夫しながら練習をする。
⓫ 発表し合い，感想を交流する。

ポイント
○教師が選定した「おに」の出てくる本の中から2冊選ぶ。
○発表の観点【ア本の名前　イ作者　ウ登場人物　エあらすじ　オ感想・評価】
○発表の条件【ア冊数　イ時間　ウ発表原稿の内容や形式】

4 本時の授業展開（8／10時間）

STEP1

時間配分や学習計画を「ホップ・ステップ・ジャンプ」で示し，子供たちと確認しましょう。

〈ホップ〉紹介する本を決定する

◆「おに」の登場する複数の物語を読み，おにの人柄に着目し紹介する本を3冊決定します。「おにたのぼうし」，「必読書の中から」，「その他の本から」の3冊
◆2冊目は，「おにたのぼうし」で学習したことを活かしてあらすじをまとめます。
◆3冊目は，「おに」が語った印象的なセリフや言葉を引用して話します。

STEP2

教材文で学習したワークシートを基に，人柄やあらすじをまとめましょう。

〈ステップ〉おにの人柄やあらすじをまとめる

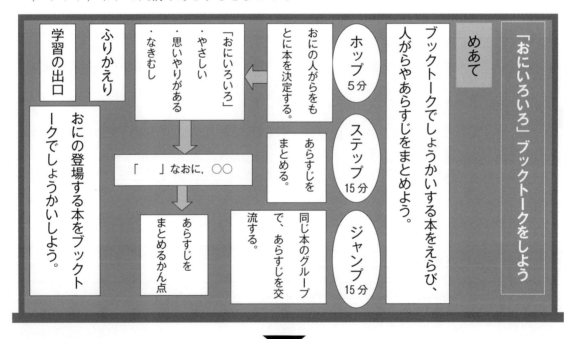

STEP3

〈ジャンプ〉グループ（必読書の本が同じ）でまとめたあらすじを交流する

◆本に出てくるおににについてグループで話し合いましょう。
◆どのようなブックトークができるかアイディアを出し合いましょう。

5 ワークシート例

「おに」の登場する本をしょうかいしよう
ブックトーク「おにいろいろ」

三年　組　名前（　　　　　　）

ブックトーク名人になろう。

〈はじめ…おにの話題〉
※二百字以内でまとめる。

〈中…本のしょうかい〉
① 一さつ目【おにたのぼうし・あまんきみこ】
※二百字以内でまとめたあらすじをもとにメモを作る。
※二さつ目につなぐ言葉も考える。

② 二さつ目【　　　　　　】
※二百字以内でまとめたあらすじをもとにメモを作る。
※三さつ目につなぐ言葉も考える。

③ 三さつ目【　　　　　　】
※印しょう的なせりふや言葉を引用する。
※好きな場面を音読する。

〈おわり…おにについて、自分の感そうをのべる〉
※二百字以内でまとめる。

- 「おに」について，きょうみをさそうように話しましょう。
- あらすじを話し，印しょう的な場面のページの絵を見せましょう。
- どのようなおにが登場したかまとめ，感そうをのべましょう。

「おに」の登場する本をしょうかいしよう
ブックトーク「おにいろいろ」

三年　組　名前（　　　　　　）

一 物語を「はじめ」「中」「おわり」にわけて、あらすじをまとめましょう。

【はじめ】	【中】	【おわり】
・人物ぞう ・はじめの様子	・できごと（起きたこと・事けん）	・おわりの様子

※二百字であらすじをまとめる。
（作文用紙省略）

22 第4学年
主人公の人柄について紹介し合おう

□文学的な文章

■教材名:「白いぼうし」あまんきみこ（光村図書4年上）　■時間数：全11時間

―― 全国学力・学習状況調査と本単元との関連 ――
　全国学力・学習状況調査において，物語における登場人物の心情や場面についての描写などを読むことに課題が見られる。そこで，本稿では，中学年〔C読むこと〕「ウ　場面の移り変わりに注意しながら，登場人物の性格や気持ちの変化，情景などについて，叙述を基に想像して読むこと」を重点的な指導事項として設定した授業構想を示す。

1　本単元の概要

　本単元では，同じ主人公が登場する物語を複数読み，主人公の人柄について紹介し合うという言語活動を設定する。主人公の人柄について説明するために，子供たちは，取り上げた複数の物語から，場面の移り変わりによって変化する主人公の人柄に着目して読み進める。そして，文や言葉，挿絵などを根拠に示して，自分の捉えた主人公の人柄について紹介し合うことで，自分の考えを確かめたり，新しい発見をしたりすることができる。複数の物語から主人公の人柄について読むことで，シリーズで読むことの面白さを実感したり，主人公の人物像を多面的に読んだりすることが可能となる単元である。

　本単元で取り上げた教材「白いぼうし」は，松井さんというタクシーの運転手が主人公として描かれている。松井さんを主人公にした物語は，『車のいろは空の色』という本の中に複数描かれている。「白いぼうし」はその中の一編で，松井さんを中心に不思議なファンタジーの世界が描かれている。主人公の人柄については，心情描写だけでなく会話のやりとりや行動，挿絵で描かれている表情から読むことができる。また，伏線として描かれる情景描写からも推測することができる。複数の物語を読むことによって，一編の物語を読むだけでは分からなかった松井さんの人柄をそれぞれ関係付け，一人の人間像を想像することができる単元である。

2　付けたい力

○登場人物の人柄について説明するため，進んで物語を読むことができる。

〔国語への興味・関心・態度〕

○場面の移り変わりに注意しながら，登場人物の性格や気持ちの変化，情景などについて，叙述を基に想像して読むことができる。　〔C読むこと　ウ〕

○目的に応じて，いろいろな本や文章を選んで読むことができる。　〔C読むこと　カ〕

○言葉には，考えたことや思ったことを表す働きがあることに気付くことができる。

〔伝統的な言語文化と国語の特質に関する事項　イ(ｱ)〕

3 単元計画（全11時間）

第一次　学習のめあてや見通しをもつ

❶　同じ主人公を描いた物語が一冊の本の中に複数描かれていることを知り，物語の挿絵や題名からどのような主人公なのかを想像する。
❷　複数の物語に描かれている主人公の人柄について読み，紹介し合うというめあてをもつ。

ポイント
　〇松井さんが主人公の『車のいろは空の色』を提示し，「白いぼうし」が本の中の一編の物語であることを伝え，本に対する興味を高めましょう。
　〇教師から必読書として第二次で取り上げる物語を提示し，読む時間を設定しましょう。

第二次　主人公の人柄について捉える

❸〜❺　「白いぼうし」の松井さんの人柄を，行動・表情・会話・場面の様子から捉える。
❻　「白いぼうし」で描かれている松井さんの人柄について，紹介する文章にまとめる。
　　　　　　　　　　　　　　　　　　　　　　　　　　　　　　　　〔ワークシート例〕
❼〜❾　同じ主人公が登場する必読書3編を読み，その人柄を場面の移り変わりに注意しながら行動・表情・会話・場面の様子から捉える。
❿　3編の中から，最も主人公らしさが表現されていると思う物語を一編選び，紹介する文章にまとめる。

ポイント
　〇主人公の人柄を捉えるために，次のような観点を示します。
　　　A：行動の様子が分かる言葉や文　　B：表情の様子が分かる言葉や文
　　　C：会話の中の言葉や文　　　　　　D：場面の様子を表す言葉や文
　〇場面の移り変わりに注意しながら上記の観点で読み，主人公の人柄についてそれぞれの観点と読んだ内容を関連付けて考えるようにしましょう。

第三次　主人公の人柄について紹介し合う

⓫　物語の中の具体的な場面を取り上げ，そこに描かれる主人公の人柄について，根拠となる言葉や文，挿絵を示しながら紹介し合う。

ポイント
　〇複数の物語から捉えた主人公の人柄を板書にまとめ，全体像を可視化することでどのような人柄なのかを考えるようにしましょう。

4　本時の授業展開（11／11時間）

STEP1

複数の物語を読み，自分が捉えた主人公の人柄とその根拠となった観点（行動・表情・会話・場面の様子）から読んだことを書かれていた場面と関係付けながら紹介し合う。

◆複数の物語を読み，自分の考えを記録してきたワークシートを活用します。同じ登場人物であっても場面によっていろいろな人柄があることや，共通して見られる人柄もあることに気付くようにしていきます。

STEP2

物語の中で描かれている主人公の人柄についてまとめた板書を見直し，どのような場面で主人公のどんな人柄が伝わってくるのかを総合的に捉える。

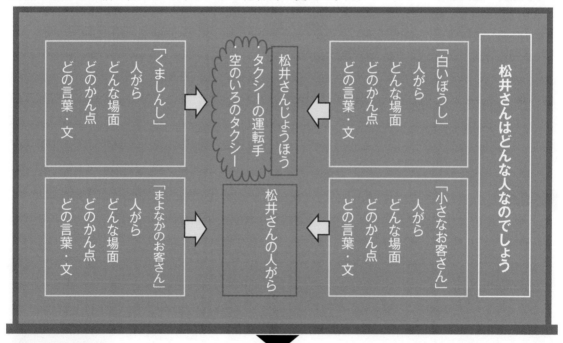

STEP3

主人公の人柄について，意見を交流する。

◆主人公の人柄についてお互いの説明を聞いた上で，改めて考える場を設けます。ここでは，もう一度，物語に書かれている叙述を読み返す時間が必要です。その上で，意見を交流するようにします。

5 ワークシート例

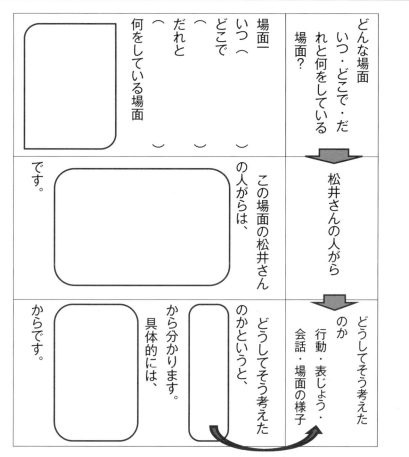

※〔ワークシート〕松井さんの人柄について場面ごとに捉える学習で活用しましょう。松井さんが主人公のどの物語でも活用できます。11時間目の学習で活用できます。

ワークシートの作成〜子供の思考の助けになるように〜

★付けたい力が身に付くように，ワークシートに示すめあてと，それを達成するための思考の手立てとなる観点と思考の手順をワークシートに示しましょう。
★一つの授業でまとめたワークシートを単元のまとめに活用することで，学習を振り返る手立てになります。

23 第5学年
詩を比べて読もう

□文学的な文章

■教材名：「紙風船」黒田三郎・「水のこころ」高田敏子（東京書籍5年）　■時間数：全14時間

―― 全国学力・学習状況調査と本単元との関連 ――

　全国学力・学習状況調査において，詩の内容や表現の工夫について様々な着眼点から読むことによって詩の特徴やよさを理解し，自分なりに解釈して条件に合わせて適切に伝えることに課題が見られる。そこで，本稿では，高学年〔C読むこと〕「エ　登場人物の相互関係や心情，場面についての描写をとらえ，優れた叙述について自分の考えをまとめること」を重点的な指導事項として設定した授業構想を示す。

1 本単元の概要

　本単元では，詩の内容や表現を比較し，相互に関連付けて読んで研究報告書を作成するという言語活動を設定する。詩を「連や表現の工夫」「作者の視点」「自分の経験やイメージ」の3観点から読み比べる。最初は教科書教材の詩を一編ずつ読み，次に違う作者で同じ題材を扱った詩を読み比べる。そして最後は，同じ作者でテーマが似た詩を読み比べるという段階を一斉の授業として設定する。共通点や相違点を意識して読み比べたり，教科書教材だけでなく複数の詩を読んだりすることで，その作者ならではの詩の特徴や魅力，ものの見方や考え方に気付けるようにしていく。

　本単元では，黒田三郎の「紙風船」と高田敏子の「水のこころ」を取り上げている。二人の作者の詩には戦争の経験から，人の心に寄り添ったり，平和や幸福を祈ったりするテーマが多く見られる。詩には身近な題材を取り上げているため，時代は違うが，現代の子供たちにとっても思いを馳せやすい。たくさんの詩を読み深め，比べることで，二人の作者の詩には普遍的な人類の思いや願いが込められていることを，子供たちが探究できるようにしたい。

2 付けたい力

○黒田三郎や高田敏子ならではの詩の魅力について明らかにするため，進んで詩を読むことができる。　　　　　　　　　　　　　　　　　　　　　　〔国語への興味・関心・態度〕
○詩を「連や表現の工夫」「作者の視点」「自分の経験やイメージ」の3観点から分析し比べることで，詩のテーマに迫り，詩を読み深めることができる。　　　　〔C読むこと　エ〕
○作者ならではのものの見方や考え方，詩の魅力に迫るというねらいに相応しい詩を，多読したものの中から選ぶことができる。　　　　　　　　　　　　　　〔C読むこと　カ〕
○詩の言葉のリズム，比喩や反復をはじめとする表現の工夫を理解することができる。
　　　　　　　　　　　　　　　　　〔伝統的な言語文化と国語の特質に関する事項　イ(ケ)〕

Chapter4 本当の学力を付ける「読むこと」の授業&言語活動プラン

3 単元計画（全14時間）

第一次　学習のめあてや見通しをもつ

❶ 教師作成の研究報告書を読み，学習の概要を知り，学習計画を立てて，本単元の見通しをもつ。
❷ 黒田三郎の「紙風船」を，作者の思いを探りながら，係分担をして読む。
❸ 黒田三郎の「海」と高田敏子の「海」を，相違点を探りながら，係分担をして読む。
❹ 高田敏子の「忘れもの」と「九月」の共通点を探りながら，係分担をして読む。

ポイント
○黒田三郎や高田敏子の詩をたくさん集めた多読コーナーを設置し，読んだ詩を記録したり，感想や疑問をメモしたりする「詩ノート」を用意しましょう。それを第二次の分析で活用できるようにしましょう。
○3人グループをつくり，「表現係（表現の工夫・技法）」「視点係（作者のものの見方）」「思い出し係（自分の経験・イメージ）」の一人一役を係分担して読むことで，詩を読む際の観点を焦点化させましょう。
○❷〜❹で毎回異なる係を担当することにより，最終的に3つの係全てを経験できるようにしましょう。

第二次　読み比べる詩を選び，研究報告書を作成する

❺ 読み比べる詩を選びながら，研究課題を明確に立てる。
❻〜❼ 課題を探究するために，選んだ詩の分析をする。
❽〜⓫ 「目次」「研究すること」「研究の報告」「研究の考察」を書く。
⓬ 表紙を描き，製本する。

ポイント
○詩を選ぶ際には「①題材が共通②テーマが共通」のどちらかのパターンを選択させ，共通点や相違点を意識して分析させましょう。
○子供たちが単元のゴールを見通して学習に取り組むことができるように，教師見本が一人一冊手元に渡るようにしましょう。

第三次　単元の学習を振り返り，詩の魅力について考える

⓭ お互いの研究報告書を読み合い，感想を交流する。
⓮ 本単元の学習を振り返り，自分に身に付いた力や，作者ならではのものの見方や考え方，詩の魅力について考える。

ポイント
○お互いの読みを交流しながら，いろいろな感じ方や考え方があることに気付けるようにしましょう。

4　本時の授業展開（5／14時間）

STEP1

多読した詩のメモやその感想，疑問に思ったことなどを書き溜めた「詩ノート」を見直す。本時は，読み比べる詩と研究課題を決定することを，学習問題として確認する。

◆黒田三郎や高田敏子の詩を複数読み，「①題材が共通②テーマが共通」のどちらかのパターンで，二つの詩を「詩ノート」から選ぶようにします。

STEP2

選んだ二つの詩を読み比べ，共通点や相違点から疑問に思ったことを研究課題とする。

（課題の立て方を共通理解するために，第一次で学習した「海」や「忘れもの」「九月」を取り上げて例を示す。課題の分析例も教師見本で提示することで，今後の見通しをもたせる。）

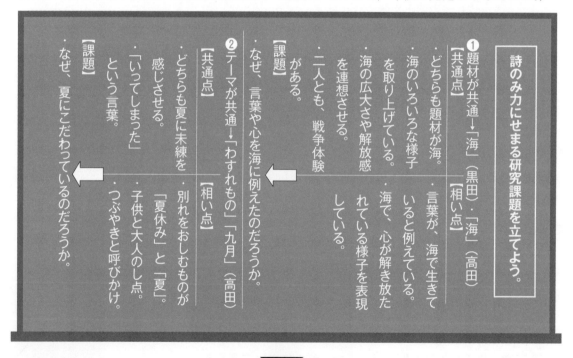

詩のみ力にせまる研究課題を立てよう。

❶題材が共通→「海」（黒田）・「海」（高田）
【共通点】
・どちらも題材が海。
・言葉が，海で生きているように例えている。
・海で，心が解き放たれている様子を表現している。
【相い点】
・海のいろいろな様子を取り上げている。
・海の広大さや解放感を連想させる。
・二人とも，戦争体験がある。
【課題】
・なぜ，言葉や心を海に例えたのだろうか。

❷テーマが共通→「わすれもの」「九月」（高田）
【共通点】
・どちらも夏に未練を感じさせる。
・「いってしまった」という言葉。
【相い点】
・別れをおしむものが「夏休み」と「夏」。
・子供と大人のし点。
・つぶやきと呼びかけ。
【課題】
・なぜ，夏にこだわっているのだろうか。

STEP3

選んだ二つの詩と立てた研究課題について，お互いに紹介し合う。

◆共通点や相違点から，友達がどのような課題を立てたのかを知ることで，作者や友達の新たなものの見方・考え方に気付くことに繋がります。また，共通点や相違点について考える際に，第一次での係読みの3観点が活かされているとよいです。

5 ワークシート例

詩を比べて読もう ～詩の力にせまる研究課題を立てよう～

① 題材が共通 → 「海」（黒田）・「海」（高田）

【共通点】
- どちらも題材が海。
- 海のいろいろな様子を取り上げている。
- 海の広大さや解放感を連想させる。
- 二人とも、戦争体験がある。

※各自記述する。
…など

【相い点】
- 言葉が、海で生きていると例えている。
- 海で、心が解き放たれている様子を表現している。

※各自記述する。
…など

【課題】
・なぜ、言葉や心を海に例えたのだろうか。
…など

② テーマが共通 → 「わすれもの」『九月』（高田）

【共通点】
- どちらも夏に未練を感じさせる。
- 「いってしまった」という言葉。
- 夏休みはみんなが好きだと思う。

※各自記述する。
…など

【相い点】
- 別れをおしむものが「夏休み」と「夏」。
- 子供と大人の視点。
- つぶやきと呼びかけ。

※各自記述する。
…など

【課題】
・なぜ、夏にこだわっているのだろうか。
…など

自分の選んだ詩＆研究課題

◎「　　　」「　　　」が共通

【共通点】
- どちらも（　　　）。
- どちらも（　　　）という。

※各自記述する。
…など

【相い点】
- （　　　）というちがい。
- （　　　）というちがい。

※各自記述する。
…など

【課題】
・なぜ、（　　　）だろうか。

心に残るファンタジー作品の推薦文を書こう

■教材名：「きつねの窓」安房直子（教育出版6年下）　■時間数：全10時間

□文学的な文章

―― 全国学力・学習状況調査と本単元との関連 ――

全国学力・学習状況調査において，推薦文を比べて読み，推薦している対象や理由，それぞれの本や文章の読み方の違いを捉えることに課題が見られる。そこで，本稿では，高学年〔C読むこと〕「エ　登場人物の相互関係や心情，場面についての描写をとらえ，優れた叙述について自分の考えをまとめること」を重点的な指導事項として設定した授業構想を示す。

1 本単元の概要

本単元では，ファンタジー作品を読んで心に残る，とっておきの作品の推薦文を書くという言語活動を設定する。推薦する活動を通して本や文章を読む力を高めることができる。推薦するには，作品の特徴を捉えること，推薦の6つの読みの観点を知ること，観点に基づいて詳しく読むことが求められる。

本単元の教材「きつねの窓」は不思議な世界が繰り広げられるファンタジー作品である。登場人物の人物像や相互関係，優れた表現や叙述，構造や展開の面白さが描かれた作品で，本単元で身に付けさせたい読みの力を高めるのに適している。紹介文と推薦文の違い，推薦文に書く要素，推薦文のモデルを提示することで，読む視点と推薦する視点を捉えさせる。更に，作品を推薦する語彙・評価する語彙を提示し，相手の読書意欲を喚起するような推薦文が書けるようにする。課題図書として，『初雪が降る日』『不思議の国のアリス』『ライオンと魔女』『モモ』を取り上げる。

2 付けたい力

○物語を推薦するために推薦する理由を明らかにしたり，進んで自分の考えをまとめたりして物語を読むことができる。〔国語への興味・関心・態度〕
○登場人物の相互関係や優れた叙述を捉えながら作品の特徴を把握し，推薦するために自分の考えをまとめることができる。〔C読むこと　エ〕
○目的に応じて，複数の本や文章などを選んで比べて読むことができる。〔C読むこと　カ〕
○比喩や反復などの表現の工夫に気付くことができる。
〔伝統的な言語文化と国語の特質に関する事項　イ(ケ)〕

3 単元計画(全10時間)

第一次　学習のめあてや見通しをもつ

❶ ファンタジー作品に出会う。
❷ 紹介と推薦の違いについて話し合い，推薦文の構成要素や特徴をまとめる。
　「心に残るファンタジー作品の推薦文を書こう」というめあてをもつ。

ポイント
○これまで学習してきた「紹介」という言語活動を行い，どのような力が付いたか振り返りましょう。
○モデル文を分析し，推薦文に書く要素を押さえ，相手意識・目的意識をもたせましょう。

第二次　ファンタジー作品を読んで感想を交流し，魅力をまとめる

❸～❺「きつねの窓」を推薦の6つの観点で読み魅力をまとめる。
　①文章の形態　②登場人物　③叙述・表現
　④展開・構成　⑤テーマ　⑥作者(平成25年度授業アイディア例B③参照)
❻ 自分が選んだファンタジー作品を推薦の観点に基づいて読む。
❼ 推薦する作品の特徴をまとめ，グループで交流し，作品の魅力を100文字程度で書く。
❽ 推薦する相手や構成要素を明確にして，4段落構成でまとめる。

ポイント
○推薦の6つの観点で重層的に読んでいくために，ワークシートや付箋紙の活用を工夫しましょう。
○作品の特徴を関連付けてまとめられるよう推薦文のモデルを示しましょう。
○視点を明確にして交流できるようにしましょう。
○推薦語彙や作品を評価する語彙などを提示し，相手の願いを把握し読書意欲を喚起する表現の工夫ができるようにしましょう。

第三次　ファンタジー作品を読んで推薦文を書き，交流する

❾ 同じ作品のグループで推薦文の交流会をする。
❿ 単元全体の学習を振り返る。

ポイント
○相手意識，本の選び方，推薦する理由など交流の観点を明確にしましょう。
○推薦文を書くために必要な力や学習方法を確認しましょう。

4 本時の授業展開（8／10時間）

STEP1

どのような相手に読んでもらうか明確にする。
◆推薦する相手の目的も考慮し，何を推薦するかを明確にします。
◆自分の読み方を確認します。
◆4段落の構成要素とモデル文を提示することで具体的な書き方を確認します。

STEP2

4段落構成で推薦文を書く。

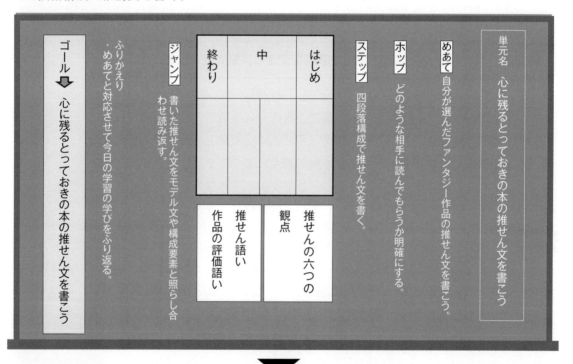

STEP3

書いた推薦文をモデル文や構成要素と照らし合わせ読み返す。
◆推薦する相手の目的や意図にあっているか確かめます。
◆作品の魅力が伝わるように推薦語彙を使っているか確かめます。
◆推薦の構成要素とおすすめの観点に沿った内容になっているか確かめます。

5 ワークシート例

単元名　心に残るとっておきの本の推せん文を書こう

六年　　組　名前

めあて　自分が選んだファンタジー作品の推せん文を書こう

わたしが推せんする本

この作品のみ力（前時の学習のまとめ）

☆わたしは　　　　　の観点で推せんします。
☆わたしが推せんする相手は　　　　　です。

【物語を推せんするときに注目する6つの観点】
① 文章の種類や形態（ジャンル）
② 登場人物（人物像・人物相互の関係）
③ 構造・展開（人物と状況設定・事件の発端・山場・結末）「起承転結」
④ 表現・叙述（場面についての描写・文体・人称）
⑤ 意図（ものの見方や考え方）や題材（人・もの・こと）
⑥ 作者（作者の生き方や考え方、作者に影響を与えた人）

【推せんのときの選書や読み方の方法】
・共通のテーマで読む。
・作者の関連する本で重ねて読む。
・シリーズで読む。
・一つの作品を取り上げ自分と作者の考えとを比べて読む。
・同じ作者の作品を取り上げて、観点を関係づけて読む。
・シリーズ本を読み、主人公に注目して読む。
・一つの作品の取り上げ注目した叙述を繰り返し読む。など

【推せん語い・評価語い】
・～を推せんします。
・～のよいところは…です。
・ぜひ、～してほしいです。
・～を知らない人におすすめです。
・～が感動的です。
・～にぴったりです。
・～をおすすめします。

・ほのぼのとした　・ほほえましい
・スリリング　・リズミカル
・生き生きとえがかれている
・神秘的な　・げん想的な
・み力的な
・心をひきつける
・かぎりない～の世界

・名作　・傑作　・力作
・必読

※ABの文章構成を参考にしましょう。
※八百字程度の推せん文にしましょう。

	Aパターン	Bパターン
はじめ	○どのような人にすすめるか ○読み手への問いかけの文	○自分の読書経験について ○作者について
中	○本の選択法方や読み方についての推せんの文 ○推せんの観点（　）でまとめたみ力	○推せんの観点（　）でまとめたみ力 ○推せんの観点（　）でまとめたみ力
終わり文	○推せんの言葉や呼びかけの文	○読み手を読書へ誘う文

Chapter5 本当の学力を付ける「伝統的な言語文化と国語の特質に関する事項」の授業＆言語活動プラン

25 第１学年
ぶんのおわりに　まる（。）をつけよう

■時間数：全２時間

全国学力・学習状況調査と本単元との関連

全国学力・学習状況調査において，文が句点「。」によって区切られているということや，一文を二文に分けて書くことに課題が見られる。そこで，本稿では，低学年〔伝統的な言語文化と国語の特質に関する事項〕「イ　言葉の特徴やきまりに関する事項㈹　文の中における主語と述語との関係に注意すること」を重点的な指導事項として設定した授業構想を示す。

1 本単元の概要

本単元では，文の定義を理解し，文を「。」で区切る言語活動を設定する。文の中における主語と述語との関係に注意することは，文の構成を理解するために最も基礎となることである。伝統的な言語文化と国語の特質に関する事項だけでなく，「A話すこと・聞くこと」「B書くこと」「C読むこと」全ての領域において，主語と述語との関係に注意するように指導することが大切である。

本単元では，第一次で主語が書かれたカード（例：「ねこが」「ひつじが」など）と述語が書かれたカード（例：「はしる」「ねむる」など）を用意し，挿絵と合うように２種類のカードを組み合わせる活動に取り組む。この活動をとおして，「～が」「～する」という，主語と述語との関係に注目するようにしたい。その後，第二次では，句点「。」のない文章を提示し，句点「。」で区切り，いくつの文に分かれているかを考える活動に取り組む。文の終わりを見付け，句点「。」を付けるためには，やはり主語と述語に注意しながら文を読まなければならない。子供たち一人一人の活動量を十分に保障し，主語と述語との関係に注意するように指導していく。

なお，文の構成に関する理解については，１，２年で主語との述語の関係，３，４年で修飾と被修飾，指示語や接続語，５，６年では文や文章のいろいろな構成について理解することとなっている。各学年での系統性を捉えた上で，指導にあたることが必要である。

2 付けたい力

○文の中の主語と述語の関係に注意して，文を読んだり書いたりしようとすることができる。
〔国語への興味・関心・態度〕
○文の中の主語と述語との関係に注意することができる。
〔伝統的な言語文化と国語の特質に関する事項　イ㈹〕

3 単元計画（全2時間）

第一次　絵に合うカードを2枚選んで繋げる

○カードと挿絵を黒板に掲示し，挿絵にぴったり合うカードを考えて，2枚選ぶように声をかける。
○子供たちの発言を受けながら，教師が黒板に提示したカードの中から，挿絵に合うものを2枚選んでつなげる。
○文の終わりには句点「。」を付けることを伝える。
○4人程度のグループをつくり，カードと挿絵を配付し，挿絵に合ったカードを2枚選んで繋げる。
○各自にワークシートを配付し，挿絵に合ったカードを選んで繋げる。
○この時間に学んだことを振り返る。

ポイント
○子供たちが考えやすいように，「ねこがはしる。」「ひつじがねむる。」など，主語と述語だけのシンプルな文を提示するようにします。
○文の終わりには必ず句点を付けることを指導します。

第二次　句点「。」のない文章を句点「。」で区切り，いくつの文に分かれているかを考える

○前時に学習した内容を想起させる。
　・文は「～が，～する」で繋がる。
　・文の終わりには「。」を付ける。
○句点「。」のない文章を黒板に掲示し，4人程度のグループに分かれて，「。」がいくつ付くかを考える。
○「。」がいくつ付き，文がいくつになるかを学級全体で確認する。
○各自にワークシートを配付し，文がいくつになるかを考えるように促す。
○この時間に学んだことを振り返る。

ポイント
○句点を打つためには，述語に着目することが大切です。「～した」「～する」という言葉に着目するように助言しましょう。
○文によっては主語が省略されているものもあります。「～が」「～は」がない文もあることを指導するようにしましょう。
○句点を付ける活動だけで終わるのではなく，この単元をとおして学んだことを振り返るようにします。学んだことを掲示物等にして残しておくとよいでしょう。

4　本時の授業展開（2／2時間）

STEP1

句点「。」のない文章を黒板に掲示し，4人程度のグループに分かれて，「。」がいくつ付くかを考える。

◆文の中に主語（「〜が」）と述語（「〜する」）があることを押さえ，「。」を付けるために，特に述語（「〜する」）に着目するように助言します。

STEP2

ワークシートを配付し，文がいくつになるか各自で考える。

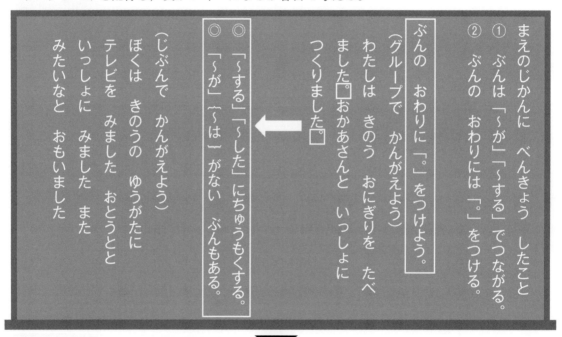

STEP3

本単元で学んだことを振り返る。

①文は「〜が，〜する」で繋がる。

②文の終わりには「。」を付ける。

◆本単元で学んだことを模造紙等に書き残して，掲示しておきましょう。常に見える位置に掲示することで，文は「〜が」「〜する」という構成になっていることを確かめることができます。

Chapter5 本当の学力を付ける「伝統的な言語文化と国語の特質に関する事項」の授業＆言語活動プラン

5 ワークシート例

第一時のワークシート

なまえ（　　　　　）

さしえに あう ことばを えらぼう。

ひつじが　さるが　ねこが
わらう　ねむる　はしる

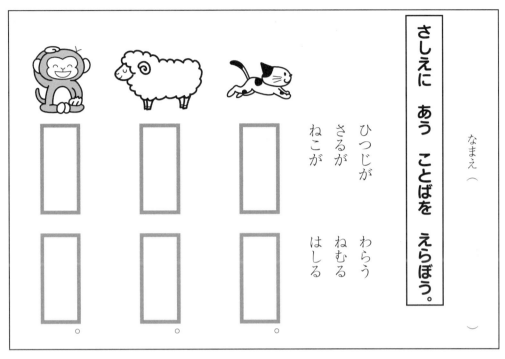

第二時のワークシート

なまえ（　　　　　）

ぶんの おわりに「。」をつけよう。

◎ぶんのおわりに「。」をつけるためには、「〜する」「〜した」に ちゅうもく します。

◎「〜が」「〜は」が ない ぶんも あります。

「。」をつけましょう。

ぼくは きのうの ゆうがたに
テレビを みました おとうとと
いっしょに みました また
みたいなと おもいました

115

26 第2学年
漢字のいろいろな読み方を調べよう

■時間数：全2時間

> **全国学力・学習状況調査と本単元との関連**
>
> 　全国学力・学習状況調査において，漢字の読みと書きに関する問題は，全体として正答率が高い傾向にある。しかし，各年度の調査結果を詳しく見ると，問題によって正答率に差がある。そこで，本稿では，低学年〔伝統的な言語文化と国語の特質に関する事項〕「ウ　文字に関する事項㈮　配当されている漢字を読んだり，文や文章の中で使ったりすること」を重点的な指導事項として設定した授業構想を示す。

1　本単元の概要

　本単元では，学習した漢字を使って文を作る言語活動を設定する。文を作る際は，一つの漢字で複数の読み方をもつ漢字を用いる。例えば，「上」という漢字は，「じょう・うえ・うわ・かみ・あ（げる）・あ（がる）・のぼ（る）」など，複数の読み方がある。「上」を使い，「かいだんを上って屋上へ行き，にもつをつみ上げる。」などの文を作る。また，文を作る中で，送り仮名についても指導する。教科書の巻末には既習の漢字の画数や読み方が載っているので，この部分を参考にして文を作るように促す。複数の読み方をする漢字を教科書の中から探したり，文を作ったりすることは，子供たちにとって楽しい活動となり，意欲的に漢字を使うことと思われる。漢字は繰り返し学習して定着させることも大切だが，正確に身に付けるだけでなく，それを自ら進んで使っていこうとする態度を育てることも大切である。

　漢字を正しく読んだり書いたりする力は，国語科のみならず全ての学習の基礎・基本となる日常生活には欠かすことのできないものである。年間をとおして漢字学習の指導を行い，進んで漢字を用いようとする態度を育てることが必要である。

2　付けたい力

〇学習した漢字を文や文章の中で進んで進んで使おうとすることができる。

〔国語への興味・関心・態度〕

〇学年別漢字配当表の第2学年までに配当されている漢字を読むことができる。また，第1学年に配当されている漢字を書き，文や文章の中で使うとともに，第2学年に配当されている漢字を漸次書き，文や文章の中で使うことができる。

〔伝統的な言語文化と国語の特質に関する事項　ウ㈮〕

Chapter5 本当の学力を付ける「伝統的な言語文化と国語の特質に関する事項」の授業&言語活動プラン

3 単元計画（全2時間）

第一次　いろいろな読み方をする漢字を読む

○「下」という漢字にはいくつの読み方があるかを考える。
○「下」という漢字の読み方のうち，「下（さ）げる」「下（お）りる」「下（くだ）る」など，漢字の下に付く平仮名を「送り仮名」ということを知る。
○教師が提示する漢字一字のフラッシュカードを見て，読み方を発表する。
○教科書の巻末を見て，読み方が複数ある漢字を探す。
○ワークシートを用いて，文に合うように漢字の読み方や送り仮名を書く。
○この時間に学んだことや考えたことを振り返る。

ポイント

○具体例を示しながら，漢字の下に付く仮名を「送り仮名」ということを指導します。
○フラッシュカードや教科書の巻末を子供たちに見せることで，読み方が複数ある漢字があることを実感できるようにします。

第二次　いろいろな読み方をする漢字を使って，文を作る

○前時に学習した内容を想起する。
　・一つの漢字でいろいろな読み方をする漢字がある。
　・漢字の下に付く仮名を送り仮名という。
○黒板に掲示されたいろいろな読み方をする漢字を使った文を読む。
　・（例）大学の先生が大きい声で大切なことを教えて下さった。
○ワークシートを用いて，同じ漢字をなるべくたくさん使った文を作る。
○この時間に学んだことや考えたことを振り返る。

ポイント

○いろいろな読み方をする漢字を使った文をいくつか提示して，どんな読み方をするか考えさせることで，前時に学習した内容を想起できるようにしましょう。
○子供たちが作った文をできるだけたくさん学級全体に紹介することで，漢字学習への意欲が高まるようにしましょう。
○この単元をとおして学んだこと（一つの漢字でいろいろな読み方をするものがある，漢字の下に付く仮名を送り仮名という）を振り返り，掲示物等にして残しておくと，日々の漢字の学習で活かすことができるでしょう。

4　本時の授業展開（2／2時間）

STEP1

黒板に掲示された，いろいろな読み方をする漢字を使った文を読む。

・大学の先生が大きな声で大切なことを教えて下さった。
・九月九日，九つのりんごが九しゅうのいなかからとどいた。

◆文を読むことで，前時に学習した内容（・一つの漢字でいろいろな読み方をする漢字がある。・漢字の下に付く仮名を送り仮名という。）を想起するように声をかけます。

STEP2

ワークシートを用いて，同じ漢字をなるべくたくさん使った文を作る。作った文は，グループや学級全体で紹介し合う。

前の時間に　べんきょう　したこと
① 一つのかん字で、いろいろな読み方をするかん字がある。
② かん字の下につくかなを「おくりがな」という。

・大学の先生が大きな声で大切なことを教えて下さった。
・九月九日、九つのりんごが、九しゅうのいなかからとどいた。

同じかん字をなるべくたくさんつかって文を作ろう。

（いろいろな読み方のかん字のれい）
・上　・下　・生　・明　・空　など

（Aさんの考えた文）
・川上からきた船の上で、上ばきをはいてにもつをつみ上げる人を見た。

（Bさんの考えた文）
・生まれたばかりの赤ちゃんにも、かみのけが生えている。

STEP3

本単元で学んだことを振り返る。

◆本単元で子供たちが考えた文を模造紙等に書き残して，掲示しておきましょう。掲示しておくことで，漢字には複数の読み方があることを確かめることができます。

Chapter5 本当の学力を付ける「伝統的な言語文化と国語の特質に関する事項」の授業＆言語活動プラン

5 ワークシート例

第一時のワークシート

なまえ（　　　　）

いろいろな読み方をするかん字を読もう。

一　□にあてはまることばを書きましょう。
「下」　下げる　下りる　下る
　↓
　かん字の下につくかなを □ といいます。

二　つぎのかん字のおくりがなを書きましょう。
・水を入□　・門から入□

三　つぎのかん字の読み方を書きましょう。
・細□ひも　・細□もよう

四　学しゅうをふりかえりましょう。
・遠足　□
・遠い　□
・数字　□
・数える　□

第二時のワークシート

なまえ（　　　　）

同じかん字をなるべくたくさんつかって文を作ろう。

◎ 一つのかん字で、いろいろな読み方をするかん字があります。
◎ かん字の下につくかなを「おくりがな」といいます。

一　次のかん字の中から一つえらんで文を作りましょう。
・上　・下　・生　・明　・空

二　自分でかん字をえらんで、文を作りましょう。
（一で出ているかん字をつかってもかまいません）

三　学しゅうをふりかえりましょう。

27 第3学年
こそあど博士になろう

■時間数：全2時間

全国学力・学習状況調査と本単元との関連

全国学力・学習状況調査の結果を踏まえた授業アイディア例において，文章の構成について理解を深める授業が複数示されている。それらと関連させて，本稿では，中学年〔伝統的な言語文化と国語の特質に関する事項〕「イ　言葉の特徴やきまりに関する事項(ク)指示語や接続語が文と文との意味のつながりに果たす役割を理解し，使うこと」の指導事項から，「こそあど言葉」を取り上げた授業構想を示す。

1　本単元の概要

　子供は，普段の生活の中で，こそあど言葉を無意識に使っており，その使い方を間違うことはほとんどないといってよい。しかし，「言葉を使うことができる」ということと，「言葉について知っている」ということは別次元のことである。そこで本単元では，こそあど言葉の意識化を狙い，「こそあど博士になろう」という言語活動を設定する。

　こそあど言葉には，現場指示（実際に身の回りにあるものを指し示す使い方）と，文脈指示（会話や文章の中に出てきた事柄を指し示す使い方）がある。多くの教科書会社では，現場指示のみを扱っている。それは，現場指示と文脈指示を短い時数の中で扱うことは，子供を混乱させるという配慮からであると考えられる。本稿においても，現場指示のみを取り扱い，文脈指示については，それ以降の物語文や説明文の中で指導をするという立場をとる。

　さて，本単元で児童に気付いてほしいことは次のとおりである。

①話し手や聞き手との距離の関係から「こ（れ）→そ（れ）→あ（れ）」となること。
②指し示すものがはっきりしないときに「ど（れ）」を用いること。
③物事や場所，方向など，指し示す対象の種類によって表示の仕方が変わるということ。

　これらをいかに子供に発見させ，主体的に「こそあど博士」に迫らせるかが授業づくりのポイントである。現場指示の使い分けと表現の効果について発見する喜びを味わわせながら，こそあど言葉についての理解を深めさせたい。

2　付けたい力

○こそあど言葉に関心をもち，進んでその意味を発見しようとしている。

〔国語への興味・関心・態度〕

○指示語の働きを理解し，指示する内容を捉えることができる。

〔伝統的な言語文化と国語の特質に関する事項〕

Chapter5 本当の学力を付ける「伝統的な言語文化と国語の特質に関する事項」の授業＆言語活動プラン

3 単元計画（全2時間）

第一次　こそあど言葉を意識化する（場面A～Cについては，次項に詳しい。）

○こそあどクイズ（場面A）をする。
○「こそあど博士になろう」というめあてをもつ。
○こそあどクイズ（場面B）をする。
○こそあどクイズ（場面C）をする。
○「これ・それ・あれ・どれ」についてまとめる。

ポイント
○具体的な生活場面を設定して，「これ・それ・あれ・どれ」に対する意識化を図りましょう。また，その使い分けや表現の効果については，子供の気付きを発表させ，「こそあど博士」へと迫らせましょう。

第二次　こそあど言葉の定義をまとめる

○こそあどクイズをしながら，残りのこそあど言葉を表にまとめる。

様子	方向	場所	物事		
こう／こんな	こちら／こっち	ここ	これ／この	話し手に近い	こ
そう／そんな	そちら／そっち	そこ	それ／その	聞き手に近い	そ
ああ／あんな	あちら／あっち	あそこ	あれ／あの	どちらからも遠い	あ
どう／どんな	どちら／どっち	どこ	どれ／どの	はっきりしない	ど

○こそあど言葉の定義についてまとめる。
　例：「これ・それ・あれ」のように，何かを指し示す言葉や，「どれ」のように指すものを尋ねる言葉をこそあど言葉と言う。

ポイント
○話し手と聞き手との距離の関係から「これ→それ→あれ」となること，ものごと，場所，方向，様子など表すものの種類によって表示の仕方が変わっていることについては，子供自身の気付きを大切にしましょう。
○こそあど言葉の定義については，子供の気付きを活かした文言でまとめ，「こそあど博士」になった喜びと自信をもたせましょう。

4　本時の授業展開（1／2時間）

STEP1

場面Aについて考える。指導者の問いについて、理由を説明させましょう。

発問①「これは、おいしそうだ。」と言ったのは、誰ですか。
発問②「これ」「それ」とは、どの果物のことですか。

STEP2

場面Bについて考える。指導者の問いについて、理由を説明させましょう。

発問③「この」「あの」とは、どの果物のことですか。
発問④「この」と「あの」を入れ替えると、どう変わりますか。

STEP3

場面Cについて考える。指導者の問いについて、理由を説明させましょう。

発問⑤「これ」「それ」「あれ」「どれ」とは、どの果物のことですか。
発問⑥「これ」「それ」「あれ」「どれ」を自由に入れ替えて、指し示すものがどう変わるか考えてみましょう。

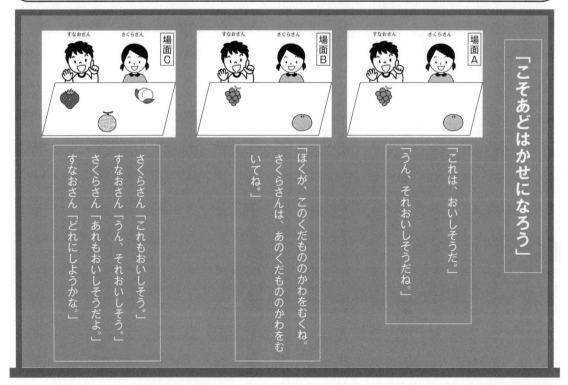

「こそあどはかせになろう」

場面A
「これは、おいしそうだ。」
「うん、それおいしそうだね。」

場面B
「ぼくが、このくだもののかわをむくね。さくらさんは、あのくだもののかわをむいてね。」

場面C
さくらさん「これもおいしそう。」
すなおさん「うん、それおいしそう。」
さくらさん「あれもおいしそうだよ。」
すなおさん「どれにしようかな。」

Chapter5 本当の学力を付ける「伝統的な言語文化と国語の特質に関する事項」の授業＆言語活動プラン

5 ワークシート例

場面B（発問③④）の子供の予想される反応例

〈発問③〉

場面Bの「ぼくが，このくだもののかわをむくね。さくらさんは，あのくだもののかわをむいてね。」の「この」とは，ぶどうのことです。理由は，ぶどうが話し手のすなおさんの近くにあるからです。「あの」とは，みかんのことです。理由はみかんが二人の遠くにあるからです。

〈発問④〉

「この」と「あの」を入れかえると，次のようになります。

「ぼくが，あのくだもののかわをむくね。さくらさんは，このくだもののかわをむいてね。」この時の「あの」とはみかんのことです。理由は，みかんが二人の遠くにあるからです。「この」とは，ぶどうのことです。理由は，ぶどうが話し手のすなおさんの近くにあるからです。

28 第4学年
慣用句について調べてクイズをしよう

■時間数：全4時間

全国学力・学習状況調査と本単元との関連

全国学力・学習状況調査の調査結果から，ことわざや慣用句，故事成語の意味と使い方を正しく理解するとともに，実生活において活用できるようにするための取組が期待されている。そこで，本稿では，中学年〔伝統的な言語文化と国語の特質に関する事項〕「ア 伝統的な言語文化に関する事項(イ) 長い間使われてきたことわざや慣用句，故事成語などの意味を知り，使うこと」の指導事項から，「慣用句」を取り上げた授業構想を示す。

---

1 本単元の概要

本単元では，「慣用句について調べ，クイズをしよう」という言語活動を設定する。クイズには，問いと答えをやりとりする楽しさがある。そのため，学習活動に位置付けることで，慣用句の意味と使い方について，楽しみながら理解を深めることができる。

単元の導入では，ことわざや故事成語について振り返る。その際，意味や用例だけではなく，次のような解説をすることで，ことわざや故事成語と慣用句の違いに目を向けさせる。

①人間としての教えや教訓などを伝えるための「ことばのわざ」の略語として，「ことわざ」という言葉ができたこと。

②中国に伝わる昔の話を「故事」と言い，それからできた言葉を「故事成語」と言うこと。

③「心」と「おどる」の意味を確認し，それらが合わさって「心がおどる」となると，「心がわくわくする」という違う意味になる。このように，いくつかの言葉が組み合わさって新しい意味をもつようになった言葉を「慣用句」と言うこと。

その後，国語辞典や慣用句辞典などを利用して，慣用句の意味や用例を調べる。そして，お互いに調べた慣用句を紹介し合う。次に，自分の体験を慣用句を用いて文章に表す。その文章を基に，自分の体験にぴったりな慣用句を作り，クイズ大会をする。

本単元で学んだ慣用句を，家庭学習などで短文作りとして継続的に調べることや，日記や日常の生活の中で意図的に使うことで，実生活において活用できる力が高まる。

2 付けたい力

○慣用句に関心をもち，進んで意味と使い方を調べようとしている。
〔国語への興味・関心・態度〕

○長い間使われてきた慣用句の意味を知り，使うことができる。
〔伝統的な言語文化と国語の特質に関する事項 ア(イ)〕

3 単元計画（全4時間）

第一次　学習のめあてや見通しをもつ

❶ 既習のことわざや故事成語を振り返り，慣用句クイズをしようというめあてをもつ。

ポイント
○指導者の体験談を話し，「この話にぴったりなことわざはなんでしょう」と問いかけ興味を高めましょう。
○慣用句を提示するとき，慣用句の意味を推測できるようなイラストがあると，楽しく学習できます。

第二次　慣用句の意味と用例を調べ，学級で共有し，その中から，自分の体験を慣用句を用いて表し，クイズを作る

❷ 国語辞典や慣用句辞典などで，意味と用例を調べ，カードに記入する。
　調べた慣用句の意味と用例を，学級で伝え合い，共有の知識とする。
❸ 学級で共有した慣用句を用いて，自分の体験を文章に表す。
　クイズ文を作る。
　（慣用句を用いて表した体験文を，慣用句を用いない文章に直す。）

ポイント
○人の体や植物に関係するものや，数字を使ったものが多いなどの子供の気付きを大切にしましょう。
○子供に「これまで実際に体験したことが伝えられそうな慣用句を探そう」と声かけをすることで，単元のゴールに向かって学習に取り組むことができます。
○楽しいクイズ大会にするには，慣用句の意味をお互いに知っていることが大切です。よって，調べた慣用句の意味と用例は，互いに伝え合わせ，学級の共有知識としましょう。

第三次　「わたしの体験にぴったりなかん用句は？」クイズをする

❹ インタビュー形式で，教室を自由に歩き回って，多くの友達とクイズを出し合う。

ポイント
○インタビュー形式だけでなく，いくつかの場を設定し，前半と後半に分かれ，Q＆Aを行ったりすることも考えられます。学級の実態に応じて，工夫しましょう。

4　本時の授業展開（3／4時間）

STEP1

前時に各々がカードにまとめた慣用句を黒板に提示し、どの慣用句を使ってクイズを作るかを決める。

◆黒板に、前時までに仕上げた全員分の作品を提示します。その中から、いくつかの慣用句を自由に選択させ、用例を書かせましょう。慣用句を多く示すことにより、自分の体験と照らし合わせて、慣用句を選択することができるようになります。

STEP2

いくつかの慣用句の用例を書く。

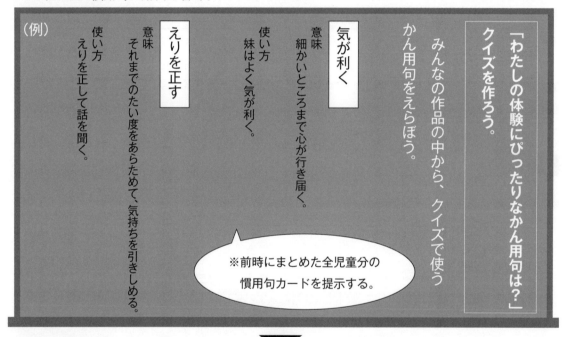

（例）

「わたしの体験にぴったりなかん用句は？」クイズを作ろう。

みんなの作品の中から、クイズで使うかん用句をえらぼう。

気が利く
意味　細かいところまで心が行き届く。
使い方　妹はよく気が利く。

えりを正す
意味　それまでのたい度をあらためて、気持ちを引きしめる。
使い方　えりを正して話を聞く。

※前時にまとめた全児童分の慣用句カードを提示する。

STEP3

クイズにする慣用句を決め、「わたしの体験にぴったりな慣用句は？」クイズを作る。

◆実体験を基に慣用句クイズを作らせることで意欲が高まります。しかし、黒板に示されている慣用句にぴったりな体験がなく、なかなかクイズを作ることのできない子供には、慣用句辞典などを参考に、フィクションで書かせる等の配慮をします。

Chapter5 本当の学力を付ける「伝統的な言語文化と国語の特質に関する事項」の授業&言語活動プラン

5 ワークシート例

「わたしの体験にぴったりなかん用句は?」クイズを作ろう。

使いたいかん用句
① 首を長くする
② 頭が下がる
③ 足がぼうになる

わたしの用例
① 休みの日、友達からの電話を首を長くして待った。
② 人のいやがることを進んで行う○○○さんには、頭が下がるよ。
③ 遠足で三時間も歩いて、足がぼうになったよ。

クイズ文
休みの日、友達から電話がかかって来るのを今か今かと、ずっと待っていた。

クイズのやりとりの例

わたし：「先週の日曜日，わたしは，○○○さんから電話がかかって来るのを，今か今かとずっと待っていました。この体験にぴったりな慣用句はなんでしょう？」

友達　：「分かった！『首を長くする』です。」

わたし：「そのとおりです。先週の日曜日，わたしは，○○○さんから電話がかかって来るのを，首を長くして待っていました。すると，午前10時頃に電話がありました。とてもうれしかったです。」

㉙ 第5学年
いろいろな意味をもつ言葉を考えよう

■時間数：全3時間

―― 全国学力・学習状況調査と本単元との関連 ――
全国学力・学習状況調査において，多義性のある言葉の用法の違いを文脈に応じ考察することに課題が見られる。そこで，本稿では，高学年〔伝統的な言語文化と国語の特質に関する事項〕「イ　言葉の特徴やきまりに関する事項　語句に関する事項(オ)　文章の中での語句と語句との関係を理解すること」「(カ)　語感，言葉の使い方に対する感覚などについて関心をもつこと」を重点的な指導事項として設定した授業構想を示す。

1 本単元の概要

本単元では，多義語や同音異義語について調べ，それを基にクイズを作り交流した後，学習の成果を一冊にした「ことのは辞典」にまとめるという言語活動を設定する。「ことのは辞典」とは，言葉の特徴やきまりに関する事柄をカードなどに累積したものである。

単元の導入時では，多義語を用いた詩を読んだり，教師の作ったクイズに漢字をあてはめたりすることで，複数の意味がある言葉に対する興味や関心を高め，多義語や同音異義語について理解する場を設定する。（多義語とは一つで複数の意味をもつ言葉であり，同音異義語は発音は同じだが意味が違う別の言葉である。）

次に，国語辞典を活用し多義語や同音異義語についてグループで分担して調べ，クイズ等を作り交流した後，「ことのは辞典」にまとめる。同音や同訓で意味が異なる言葉を正しく使い分けたり，多義語のもつ複数の意味の違いや用例を理解したりするためには，語句と語句とがどのように関連し合って文章全体を構成しているのかを理解することが大切である。よって，ワークシートには短文で用例を記述する欄を設け，文脈の中で使用する表現が適切かどうか話し合う場をもつようにする。

2 付けたい力

○「ことのは辞典」を作るために，多義語や同音異義語について，国語辞典を使って進んで調べることができる。

〔国語への興味・関心・態度〕

○同音や同訓で意味が異なる言葉を文脈に合わせて使い分けたり，多義語のもつ複数の意味の違いや用例を理解したりすることができる。

〔伝統的な言語文化と国語の特質に関する事項　イ(カ)〕

Chapter5 本当の学力を付ける「伝統的な言語文化と国語の特質に関する事項」の授業＆言語活動プラン

3 単元計画（全3時間）

第一次 多義語や同音異義語について調べ，クイズを作り交流する

❶ 詩を読んだりクイズを解いたりした後，気付いたことを出し合う。多義語や同音異義語について整理する。

国語辞典を活用して，多義語について調べワークシート①にまとめる。
多義語を用いたクイズシートを作る。
同音や同訓で意味が異なる言葉を漢字にして集め，ワークシート②にまとめる。
同音異義語を用いたクイズシートを作る。

❷ クイズを交流する。

お互いにクイズを出し合い，言葉の用い方が正しいか検討する。

ポイント

○単元の導入時には，詩「とる」（川崎洋作）を音読したり，同音異義語クイズを体験したりすることで，多義語等について楽しく興味を高めることができます。
○同じ語句でも使い方によって意味の変わる言葉があります。文の前後の関係から，どの意味になるかをよく考えることが大切です。そのために，ワークシートには，同音，同訓の漢字や多義語を記入するだけではなく，短い文を用例として書く欄を設けましょう。意味の違いをより理解できるようになります。
○ペアやグループで分担して言葉を集めると時間も短縮できます。

第二次 『ことのは辞典』を作成する

❸ 国語辞典の中から探した言葉やその意味，用例をカードに書き出す。

カードを一冊にまとめて『ことのは辞典』を作成する。

ポイント

○作った辞典は，この単元で終結するのではなく，内容を累積していくようにしましょう。
○学級全体で共有できるように，置く場所を工夫するとよいです。

4 本時の授業展開（2／3時間）

STEP1

詩やクイズをとおして，いろいろな意味をもつ言葉（多義語）があることを知る。
「ことのは辞典」を作成するという学習課題を設定する。

◆多義語を使った詩の面白さを味わい，興味を高めた上で，「ことのは辞典」を自分たちで作成するという活動を紹介します。

STEP2

国語辞典の中から複数の意味をもつ言葉をグループで分担して探し，その言葉と分類されている意味の数をワークシート（ワークシート例①参照）にまとめる。

◆国語辞典をしっかり活用しましょう。言葉の意味の違いを具体的にイメージするためには，ジェスチャーを交えて表現したり，他の言葉に置き換えたりすることも効果的です。

STEP3

調べた言葉を使って，クイズを作る。（クイズシート例参照）

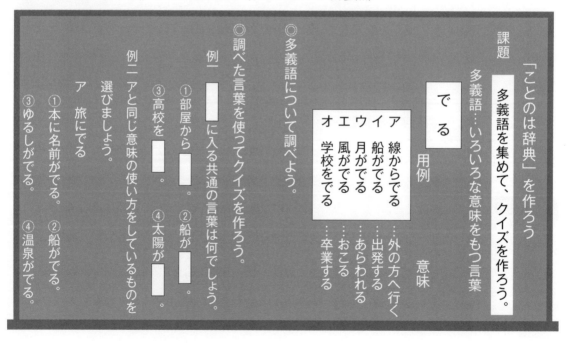

課題　「ことのは辞典」を作ろう

多義語を集めて、クイズを作る。

多義語…いろいろな意味をもつ言葉

「でる」

用例	意味
ア 線からでる	…外の方へ行く
イ 船がでる	…出発する
ウ 月がでる	…あらわれる
エ 風がでる	…おこる
オ 学校をでる	…卒業する

◎多義語について調べよう。

◎調べた言葉を使ってクイズを作ろう。

例一　□に入る共通の言葉は何でしょう。
① 部屋から□。
② 船が□。
③ 高校を□。
④ 太陽が□。

例二　アと同じ意味の使い方をしているものを選びましょう。
ア　旅にでる
① 本に名前がでる。
② 船がでる。
③ ゆるしがでる。
④ 温泉がでる。

Chapter5 本当の学力を付ける「伝統的な言語文化と国語の特質に関する事項」の授業＆言語活動プラン

5 ワークシート例

ワークシート例①

多義語をみつけよう

【取る】
① 意　つかむ。にぎる。
　用例　コップを取る。
② 意　うけとる。もらう。
　用例　休みを取る。
③ 意　そこからのぞく。
　用例　庭の草を取る。
…

た行			
	た	て	と
	立つ⑨	出る⑭	取る⑭
	立てる⑩		執る②
			採る④

クイズシート例

クイズシート

① □ に入る共通の言葉は何でしょう。
ア　　イ　　ウ　　エ
□　□　□　□

② アと同じ意味の使い方をしているものを選びましょう。
ア（　）
③　①
④　②

③ 合っているものを線で結びましょう。
ア　線からでる　・　　・あらわれる
イ　船がでる　　・　　・おこる
ウ　月がでる　　・　　・出発する
エ　風がでる　　・　　・外の方へ行く

ワークシート例②

同音異義語をみつけよう

① 「おさめる」と読む漢字を探そう。
例　　□　治　□　める
ア　[　]　　　　　　　
イ　[　]　　　　　　　
② （例）のようにア・イの漢字を使って短い文を書こう。
例　　国を治める。
ア　[　　　　　　　]
イ　[　　　　　　　]

おさめる

漢字	使い方
収める	成功を収める
治める	国を治める
修める	学問を修める
納める	税金を納める

131

㉚ 第6学年
表現の工夫を取り入れて詩をつくろう

■時間数：全2時間

全国学力・学習状況調査と本単元との関連

　全国学力・学習状況調査において，比喩法・列挙法・反復法・擬声法・倒置法などの表現技法を区別した上で，それらの効果について適切に捉えることに課題が見られる。そこで，本稿では，高学年〔B　書くこと〕「オ　表現の効果などについて確かめたり工夫したりすること」「カ　書いたものを発表し合い，表現の仕方に着目して助言し合うこと」〔伝統的な言語文化と国語の特質に関する事項〕［イ　言葉の特徴やきまりに関する事項(カ)語感，言葉の使い方に対する感覚などについて関心をもつこと」「(ケ)　比喩や反復などの表現の工夫に気付くこと」を重点的な指導事項として設定した授業構想を示す。

1　本単元の概要

　本単元では，詩の表現の面白さを味わい楽しんだ後，自分たちで詩を創作するという言語活動を設定する。詩とは，自然や暮らしの中でわきあがってきた感動を，リズムをもつ言語形式で表現したものである。詩には，その高まった感動をより効果的に短い言葉で表現するため，いろいろな方法が用いられている。そのため，様々な表現の工夫（比喩，反復，擬人法，擬声語，擬態語，省略，倒置，対句など）に気付き，その効果について学ぶことができる。目的や意図に応じて，事柄が明確に伝わるように構成や表現技法を工夫し表現することは，国語科の学習のみならず日常生活においても重要である。本単元では特に，それらの技法を自分の表現の中に活用することができるように指導していく。また，自分たちの作品を相互評価することにより，よりよい言葉に置き換える活動の場を設け，言語感覚を豊かにしていきたい。

2　付けたい力

○自分の思いを表現するのにふさわしい言葉を選びながら詩を書こうとしている。
〔国語への興味・関心・態度〕
○つくった詩を読み返し，用いた言葉が自分の思いを表すのにふさわしいか確かめたり，他の言葉に置き換えてみるなどして表現の効果がよりはっきりするよう工夫したりできる。
〔B書くこと　オ〕
○比喩や反復などの表現の工夫に気付き，自分の表現に用いることができる。
〔伝統的な言語文化と国語の特質に関する事項　イ(ケ)〕

Chapter5　本当の学力を付ける「伝統的な言語文化と国語の特質に関する事項」の授業＆言語活動プラン

3 単元計画（全2時間）

第一次　学習のめあてや見通しをもつ。表現の技法とその効果をつかむ

○詩を学習することをとおして，表現技法の工夫を見付け，詩を創作するというめあてをもつ。
○複数の詩を読み，詩から感じることを話し合い，表現の工夫とその効果についてまとめる。
○他の作品も読み味わう。

ポイント

○教科書に載っている既習の詩や短い詩を教材化しましょう。比喩や倒置などの工夫があり，面白さが伝わってくるものを選ぶとよいでしょう。
○表現の工夫とその効果を記入するワークシートを用います。
○学級文庫に詩集のコーナーを設置し，たくさんの作品に触れるようにしましょう。
○詩の創作のために，第一次から，身の回りの出来事の中で心に残ることをノートに書き留めておくとよいです。

第二次　詩を創作する

○詩をつくる。
・詩の題材を選ぶ。
・構成を考える。
・自分の言葉で書く。
・表現の技法を工夫し，下書きを書き換える。
○詩を相互評価する。
・表現の技法を中心に相互評価をする。
・友達の助言を受け，文章の間違いを正したり，よりよい表現に書き直したりする。
・清書する。
・学習を振り返る。

ポイント

○感動したことを，まず素直に自分の言葉で表現をすることを伝えましょう。諸感覚を働かせるとイメージを広げ豊かに表現することができます。
○表現の技法は表にまとめ提示します。その中から複数の技法を選択し自分の表現の中に取り入れるようにします。
○自分の書いた文章は必ず読み返し，よりよい表現に書き直す習慣を身に付けることが大切です。このことが言語感覚を豊かにすることに繋がります。

4　本時の授業展開（2／2時間）

STEP1

詩をつくる手順を確認し，創作活動に入る。

◆詩をつくる手順や留意点を具体的に示します。
①ノートを基に題材を選択　②構成を考える（行動の順序，伝えたい言葉の順序）
③自分の素直な言葉で書く　④表現の技法を工夫し，下書きを書き換える

STEP2

詩を相互評価し，よりよい表現に書き直す。

◆ペアやグループをつくり，よりよい表現にするために話し合います。題材別にグルーピングをすると，話し合いが深まります。「作者の気持ちを表すために，よりよい言葉に置き換えられないか」など，表現技法を中心によい点や改善すべき点などを出し合います。

STEP3

一　詩を　つくろう
　◎特ちょう　　短い言葉でリズムよく
　　　　　　　　改行
　　　　　　　　連
　◎五感を働かせて、見つめ直そう
　　　音、味、におい、色や形、さわった感じ
　◎表現技法を使ってみよう　　　　　　　　　効果
　　○比ゆ　例える「…のようだ」　　　　○イメージが広がる
　　○反復　同じ言葉を重ねる、同じ　　　○強調・気持ちの強さ
　　　　　　意味のちがう言葉を重ねる　　○強調　リズムを生む
　　○倒置　言葉の順序を逆にする　　　　○強調・よいんを残す
　　○ぎ人法　人間以外のものを人間の　　○親しみを感じる
　　　　　　　ように表現する
　　○体言止め　…

二　つくった詩を読み合おう
　・誤字、脱字、文章のねじれはないか
　・気持ちは書かれているか
　・表現技法を、効果的に使っているか
　・よりよい言葉に置きかえることはできないか

三　学習のまとめをしよう

＜様子や気持ちがよく伝わるな＞

Chapter5 本当の学力を付ける「伝統的な言語文化と国語の特質に関する事項」の授業＆言語活動プラン

5 ワークシート例

詩をつくろう　　　　　　　　　　　　　　　　　　　　六年　　　　　　　　

一　詩の表現技法について調べましょう。
　　表現技法には次のようなものがあります。

表現技法	説　　　　明
比喩（直喩）	特ちょうのはっきりした他のものを用いて様子を分かりやすく表現すること。「…のような」「…のようだ」「…みたいだ」
反復	同じ言葉を重ねたり、同じ意味のちがう言葉をくり返すこと。
擬人法	人間以外のものを人間のように表現すること。
擬声語	物音や動物の鳴き声をまねてつくった言葉。「ザーザー」「ピョピョ」
擬態語	ものごとの様子や身ぶりなどの感じをそれらしく表す言葉。「ぬるぬる」「にっこり」
倒置	言葉の順序を逆にすること。「食べたよ、りんごを。」「彼は走った。とても速く。」
体言止め	名詞で文を終えること。

二　詩の中から表現技法を探して書きましょう。その効果を考えましょう。

技法（　　　　　　）詩の題名「　　　　　　」		効果
表現		

技法（　　　　　　）詩の題名「　　　　　　」		効果
表現		

技法（　　　　　　）詩の題名「　　　　　　」		効果
表現		

技法（　　　　　　）詩の題名「　　　　　　」		効果
表現		

【編著者紹介】

樺山　敏郎（かばやま　としろう）

公立小学校教諭，教頭，教育委員会指導主事を歴任後，2006年4月より9年間，文部科学省国立教育政策研究所学力調査官兼教育課程調査官として小学校国語を担当。2015年4月より大妻女子大学家政学部児童学科准教授。近著として，『国語授業の新常識「読むこと」（低学年編・中学年編・高学年編）』，『実践ナビ！言語活動のススメ　モデル30』（いずれも明治図書出版）がある。

【執筆者紹介】（所属先は執筆時，○付数字はChapter2以降の執筆項目）

樺山　敏郎	大妻女子大学	Chapter1
渋谷　渉	北海道網走市立網走小学校	①②
平山　道大	北海道教育庁上川教育局	③④
藤瀬　雅胤	佐賀県佐賀市立高木瀬小学校	⑤⑥
遠藤　智幸	茨城県鹿行教育事務所	⑦⑧
本橋　幸康	埼玉大学教育学部	⑨⑩
樋渡美千代	山形大学大学院教育実践研究科	⑪
尾﨑　裕樹	鹿児島県鹿児島市立吉野小学校	⑫
小林　詠二	茨城県県西教育事務所	⑬⑭
船津　啓治	鹿児島県姶良市立加治木小学校	⑮⑯
渡辺　誠	神奈川県横浜市立白幡小学校	⑰⑱
盛　真由美	鹿児島県霧島市立青葉小学校	⑲
庭田　瑞穂	青森県西目屋村立西目屋小学校	⑳㉒
徳山　章子	沖縄県名護市立名護小学校	㉑
今　ひかり	千葉県習志野市立大久保小学校	㉓
小波津京子	沖縄県教育庁国頭教育事務所	㉔
田畑　彰紀	神奈川県横浜市立二谷小学校	㉕㉖
平良　優	沖縄県宮古島市立南小学校	㉗㉘
高延　恵	広島県神石高原町立油木小学校	㉙㉚

【本文イラスト】木村　美穂

本当の学力を付ける！
小学校国語科授業＆言語活動プラン30

2015年5月初版第1刷刊　Ⓒ編著者　樺　山　敏　郎
2015年11月初版第2刷刊　　発行者　藤　原　久　雄
　　　　　　　　　　　　　発行所　明治図書出版株式会社
　　　　　　　　　　　　　　http://www.meijitosho.co.jp
　　　　　　　　　　　（企画）木山麻衣子（校正）有海有理
　　　　　　　　　〒114-0023　東京都北区滝野川7-46-1
　　　　　　　　　振替00160-5-151318　電話03(5907)6702
　　　　　　　　　　　　　ご注文窓口　電話03(5907)6668

＊検印省略　　　　　組版所　藤原印刷株式会社

本書の無断コピーは，著作権・出版権にふれます。ご注意ください。

Printed in Japan　　　　　ISBN978-4-18-183828-7

もれなくクーポンがもらえる！読者アンケートはこちらから→